数字经济背景下
互联网企业在线个性化服务
提供策略

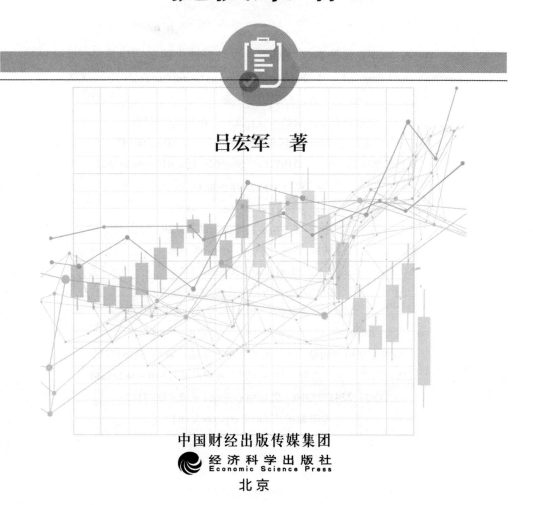

吕宏军　著

中国财经出版传媒集团

经济科学出版社
Economic Science Press

北京

图书在版编目（CIP）数据

数字经济背景下互联网企业在线个性化服务提供策略/
吕宏军著 . -- 北京：经济科学出版社，2024.2
ISBN 978 - 7 - 5218 - 5635 - 4

Ⅰ.①数… Ⅱ.①吕… Ⅲ.①网络公司 - 信息服务业
Ⅳ.①F490.6

中国国家版本馆 CIP 数据核字（2024）第 046362 号

责任编辑：刘　莎
责任校对：蒋子明
责任印制：邱　天

数字经济背景下互联网企业在线个性化服务提供策略
Shuzi Jingji Beijing Xia Hulianwang Qiye Zaixian Gexinghua Fuwu Tigong Celüe
吕宏军　著
经济科学出版社出版、发行　新华书店经销
社址：北京市海淀区阜成路甲 28 号　邮编：100142
总编部电话：010 - 88191217　发行部电话：010 - 88191522
网址：www. esp. com. cn
电子邮箱：esp@ esp. com. cn
天猫网店：经济科学出版社旗舰店
网址：http://jjkxcbs. tmall. com
固安华明印业有限公司印装
710×1000　16 开　14 印张　210000 字
2024 年 2 月第 1 版　2024 年 2 月第 1 次印刷
ISBN 978 - 7 - 5218 - 5635 - 4　定价：62.00 元

前言
Preface

2021 年 10 月 18 日，中共中央政治局就推动我国数字经济健康发展进行第三十四次集体学习。中共中央总书记习近平在主持学习时强调，发展数字经济是把握新一轮科技革命和产业变革新机遇的战略选择。数字经济健康发展有利于推动构建新发展格局，数字经济健康发展有利于推动建设现代化经济体系，数字经济健康发展构筑国家竞争新优势。在数字经济利好政策和数字技术支持下，在线个性化服务作为互联网企业实现个性化和规模化平衡，低成本满足客户差异化需求，突破小规模批量化生产的重要举措，越来越受到互联网企业青睐。在线个性化服务是根据客户在线自主选择和设定来实现的信息服务。先进的网络技术和信息技术为其提供更广泛的发展土壤。在线个性化服务提供策略作为一种有效降低信息过载、简化客户决策过程和大幅度提升客户满意度的信息服务方略，近年来被越来越多的大型企业如亚马逊、苹果（Apple）、海尔、西门子、双击公司（Double-Click）等应用于客户偏好信息的获取，进而实现广告精准推介和目标营销。在线个性化服务有着广泛的应用前景和市场价值，但其发展仍面临两个方面的基本问题：一是在线个性化服务的提供类型仍然比较单一，绝大多数互联网企业仅考虑了基本个性化服务，不能全面满足客户互补性需求，具有一定的局限性；二是很多互联网企业仅仅是利用在线个性化服务与客户互动，来获取客户偏好信息，尚未实现真正意义上的信息服务价值转化。此外，在线个性化服务是未来发展的方向，但已有研究缺乏对服务提供策略的理论支持，尤其是利用差异化服务质量来获得竞争优势的服务提供策略的决策支持，从而限制了在线个性化服务的推广及应用。因此，研究在线个性化服务的提供策略问题具有十分重要的理论价值和现实意义。

目前个性化服务研究领域，多围绕个性化服务项目本身，从系统设计、关系影响、服务策略等开展专题研究，取得了丰硕的理论和应用成果。然而，数字经济背景下互联网企业的在线个性化服务提供策略仍处于理论探索阶段。本书基于客户互补性需求，将在线个性化服务的接受者（客户）和提供者（企业与互补企业）纳入同一分析体系，针对不同客户分类、不同定价方式、服务质量差异化三种服务情境，研究企业如何制定最优的在线个性化服务提供策略，以达到优化和提升个性化服务供需各参与方绩效的目的。本书创新点如下：

第一，针对客户互补性需求差异性问题，构建了基于基本客户、潜在客户和战略客户三种分类下企业提供在线个性化服务的经济模型，并提出了最优的个性化服务提供策略。首先分析了互补性需求偏好下的客户行为，建立了服务预期收益和信息披露感知风险的客户效用模型；在此基础上，分析了客户对互补个性化服务效用感知和是否使用互补个性化服务认知的差异性，提出了基本客户、潜在客户和战略客户三类客户；其次分别针对三类客户提出了最优的在线个性化服务提供策略，并分析了信息边际价值、客户分类和互补度对服务策略的影响；理论推导和算例分析验证了模型的可靠性和稳定性。结果表明，尽管潜在客户存在，但企业信息利润明显提高；当三种客户分类都存在时，企业选择服务策略取决于客户分类的数量。本部分研究在理论上首次将产品需求和互补品服务需求与个性化服务策略相结合进行研究，拓展了以往单方面服务需求的研究，在实践上为研究客户互补性需求和客户在线行为提供了分析依据及理论指导。

第二，针对与互补企业进行信息交易问题，构建了基于互补企业采用固定费用和可变费用两种定价方式下企业提供在线个性化服务的经济模型，并提出了企业最优的个性化服务提供策略。首先提出了企业仅提供基本个性化服务的基准模型；其次分别构建了固定费用和可变费用定价方式下企业的在线个性化服务决策模型，提出了最优的在线个性化服务提供策略和支付价格；并分析了服务边际成本和互补度对服务提供策略的影响，算例分析验证了服务提供策略的有效性。结果表明，企业将互补个性化服务所获得的客户偏好信息有偿共享给互补企业，企业的信息利润明显提高；在可变费用定价方式下，两互补企业可以达到双赢的局面。本部分研究在理论上突破了以往信息交易研究视角的局限性，深化了互补企业间客户偏好信息价值转化的认识，在实践上为企业和互补企业间的信息交易及服务合作共赢提供了定量化的理论指导和决策支持。

第三，针对互补企业间服务竞争问题，构建了基于服务质量差异化情境下企业提供在线个性化服务的经济模型，并提出了互补企业间最优的在线个性化服务提供策略。考虑到互补企业间提供在线个性化服务质量的差异性，首先构建了基于服务质量差异和产品差异的二维客户效用模型；其次分析了互补企业间提供个性化服务的在线行为，分别构建了三种情境下的服务提供决策模型，提出了服务质量差异化的互补企业间最优的在线个性化服务提供策略；最后，分析了服务质量和互补度对服务策略及利润的影响；算例分析验证了服务提供策略的有效性。结果表明，两互补企业分别提供两种质量差异化的个性化服务时，存在 win-lose，win-win，lose-win 三种情境，每种情境都取决于服务质量的水平。本部分研究从理论上弥补了个性化研究中忽视服务质量差异化的不足，丰富了已有的产品和服务差异化研究，在实践上有助于为互补企业间利用差异化服务质量来获得竞争优势、提升企业收益提供理论支撑和技术指导。

目录 Contents

1　绪　　论

1.1　研究背景

2021 年 10 月 18 日，中共中央政治局就推动我国数字经济健康发展进行第三十四次集体学习。中共中央总书记习近平在主持学习时强调，"数字经济具有高创新性、强渗透性、广覆盖性，不仅是新的经济增长点，而且是改造提升传统产业的支点，可以成为构建现代化经济体系的重要引擎。面向未来，我们要站在统筹中华民族伟大复兴战略全局和世界百年未有之大变局的高度，统筹国内国际两个大局、发展和安全两件大事，充分发挥海量数据和丰富应用场景优势，促进数字技术和实体经济深度融合，赋能传统产业转型升级，催生新产业新业态新模式，不断做强做优做大我国数字经济"①。党的二十大报告明确指出，要加快发展数字经济，促进数字经济与实体经济深度融合，打造具有国际竞争力的数字产业集群②。发展数字经济已成为推进中国式现代化的重要驱动力量。2022 年，我国数字经济规模达到

---

① 杨虎涛．数实融合助力经济高质量发展．新华网．http：//www.xinhuanet.com/politics/20231109/007bb55c193b448fb8514dc4d45a81fa/c.html.

② 王钦．多方合力推动数字经济和实体经济深度融合．人民网．http：//gz.people.com.cn/n2/2023/0508/c222174-40406718.html.

50.2 万亿元，同比名义增长 10.3%，数字经济占 GDP 比重达到 41.5%。数字产业化规模达到 9.2 万亿元，产业数字化规模为 41 万亿元，占数字经济比重分别为 18.3% 和 81.7%。近年来，中国政府发布多项政策全力支持数字经济的发展，不断细化数字经济政策，持续提升数字经济发展的重要性。具体政策汇总如表 1-1 所示。

表 1-1　　　　　　　中国数字经济行业最新政策汇总一览

发布时间	政策名称	主要内容
2019 年 10 月	《国家数字经济创新发展试验区实施方案》	各试验区要坚持创新发展理念，坚持推动高质量发展，坚持以深化供给侧结构性改革为主线，结合各自优势和结构转型特点，在数字经济要素流通机制、新型生产关系、要素资源配置、产业集聚发展模式等方面开展大胆探索，充分释放新动能
2020 年 3 月	《工业和信息化部办公厅关于推动工业互联网加快发展的通知》	在加快新型基础设施建设方面，提出改造升级工业互联网内外网络，增强完善工业互联网标识体系，提升工业互联网平台核心能力，建设工业互联网大数据中心，加快工业互联网发展步伐
2020 年 4 月	《关于构建更加完善的要素市场化配置体制机制的意见》	培育数字经济新产业、新业态和新模式，支持构建农业、工业、交通、教育、安防、城市管理、公共资源交易等领域规范化数据开发利用的场景
2020 年 7 月	《关于支持新业态新模式健康发展、激活消费市场带动扩大就业的意见》	培育产业平台化发展生态、加快传统企业数字化转型步伐，打造跨越物理界限的"虚拟"产业园和产业集群，发展基于新技术的"无人经济"
2021 年 1 月	《工业互联网创新发展行动计划（2021～2023 年）》	2021～2023 年是我国工业互联网的快速成长期，并提出了工业互联网创新发展目标，其中包括新型基础设施进一步完善、融合应用成效进一步彰显、技术创新能力进一步提升、产业发展生态进一步健全和安全保障能力进一步增强。着力解决工业互联网发展中的深层次难点、痛点问题，推动产业数字化，带动数字产业化

续表

发布时间	政策名称	主要内容
2021 年 3 月	《中华人民共和国国民经济和社会发展第十四个五年规划和2035 年远景目标纲要》	迎接数字时代，激活数据要素潜能，推进网络强国建设，加快建设数字经济、数字社会、数字政府，以数字化转型整体驱动生产方式、生活方式和治理方式变革。充分发挥海量数据和丰富应用场景优势，促进数字技术与实体经济深度融合，赋能传统产业转型升级，催生新产业新业态新模式，壮大经济发展新引擎
2021 年 11 月	《"十四五"大数据产业发展规划》	"十四五"时期，大数据产业发展要以推动高质量发展为主题，以供给侧结构性改革为主线，以释放数据要素价值为导向，围绕夯实产业发展基础，着力推动数据资源高质量、技术创新高水平、基础设施高效能，围绕构建稳定高效产业链，着力提升产业供给能力和行业赋能效应，统筹发展和安全，培育自主可控和开放合作的产业生态，打造数字经济发展新优势
2022 年 1 月	《"十四五"数字经济发展规划》	建设高速泛在、天地一体、云网融合、智能敏捷、绿色低碳、安全可控的智能化综合性数字信息基础设施。到2025 年，数字经济核心产业增加值占国内生产总值比重达到10%，数据要素市场体系初步建立，产业数字化转型迈上新台阶，数字产业化水平显著提升，数字化公共服务更加普惠均等，数字经济治理体系更加完善
2022 年 6 月	《关于加强数字政府建设的指导意见》	推进政府治理流程优化、模式创新和履职能力提升，构建数字化、智能化的政府运行新形态，充分发挥数字政府建设对数字经济、数字社会、数字生态的引领作用。在以数字政府建设全面引领驱动数字化发展方面，通过持续增强数字政府效能、更好激发数字经济活力，优化数字经济环境，营造良好数字生态
2022 年 8 月	《关于开展中小企业数字化服务节活动的通知》	充分调动数字化服务机构和中小企业积极性，打造转型样板等方式引导广大中小企业加快数字化转型。以平台赋能促进数字经济与实体经济的融合发展，推动平台型企业利用渠道优势，为中小企业提供产品与服务推介渠道，助力拓展市场
2022 年 12 月	《关于构建数据基础制度更好发挥数据要素作用的意见》	提出加快构建数据基础制度，做强做大做优数字经济
2023 年 2 月	《数字中国建设整体布局规划》	提出数字中国按照"2522"整体框架进行布局

资料来源：根据政府公开报告及公开资料整理。

习近平总书记关于数字经济发展的一系列重要论述，以及国家和各部委相继出台的有关数字经济的相关政策，为中国大力发展数字经济提供了坚实的理论指导和行动指南。

互联网行业自发展以来，先后经历了 2010 年以前的 PC 互联网时代、2010～2020 年的移动互联网时代以及 2020 年以后的元宇宙时代。不同时代体现出明显的时代特征，从最初的基本社交、信息获取等功能逐步完善，到网速、硬件性能大幅度提升，娱乐体验升级，本地化需求丰富，场景应用逐渐拓展，再到更为沉浸式交互体验，用户及时长打破现有天花板的元宇宙时代。2020 年以来，多个国家级重要会议（见表 1 - 2）中，领导人发言指出要按照市场化、法制化、国际化的标准对平台经济进行治理监管，提升精准性、可预期性、有效性等，进一步明确了鼓励平台企业在数字经济发展中发挥重要作用，鼓励建设文化数字化基础设施和服务平台等，同时肯定了平台经济的正向作用。

表 1 - 2　　　　　　　互联网行业重要会议相关政策梳理

发布时间	来源	主要内容
2020 年 12 月	2020 年中央经济工作会议	明确 2021 年经济工作八大重点任务，包含"强化反垄断和防止资本无序扩张"
2021 年 1 月	市场监管总局	对美团"二选一"垄断行为作出行政处罚，处以罚款 34.42 亿元
2021 年 4 月	市场监管总局	对阿里巴巴"二选一"垄断行为作出行政处罚，处以罚款 182.28 亿元
2021 年 7 月	市场监管总局	对腾讯控股有限公司作出责令解除网络音乐独家版权等处罚，处以罚款 50 万元
2021 年 12 月	2021 年中央经济工作会议	进入新发展阶段要正确认识和把握资本的特性及行为规律，并为资本设置"红绿灯"

续表

发布时间	来源	主要内容
2022 年 3 月	国务院《政府工作报告》	加强和创新监管，反垄断和防止资本无序扩张，维护公平竞争，要正确认识和把握资本的特性及行为规律，支持和引导资本规范健康发展
2022 年 3 月	国务院金融稳定委员会	关于平台经济治理，有关部门要按照市场化、法制化和国际化的方针完善既定方案，坚持稳中求进，通过规范、透明、可预期的监管，稳妥推进并尽快完成大型平台公司整改工作，红灯、绿灯都要设置好，促进平台经济平稳健康发展，提高国际竞争力
2022 年 4 月	国务院常务委员会	促进平台经济健康发展，带动更多就业
2022 年 4 月	中央政治局会议	要促进平台经济健康发展，完成平台经济转向整改，实施常态化监管，出台支持平台经济规范健康发展的具体措施
2022 年 5 月	稳增长稳市场主体保就业座谈会	支持平台经济、数字经济合法合规境内外上市融资、打造稳定透明、公平竞争、激励创新的制度规则和营商环境
2022 年 5 月	扎实稳住经济一揽子政策措施	出台支持平台经济规范健康发展的具体措施，在防止资本无序扩张的前提下设立"红绿灯"，维护市场竞争秩序，以公平竞争促进平台经济规范健康发展
2022 年 7 月	中央政治局会议	要推动平台经济规范健康持续发展，完成平台经济专项整改，对平台经济实施常态化监管，集中推出一批"绿灯"投资案例
2022 年 11 月	国务院常务委员会	支持平台经济持续健康发展，保障电商、快递网络畅通

资料来源：根据政府公开报告及公开资料整理。

　　同时，我国政府和各部委进一步加大了对互联网行业的监管，明确了行业发展的具体方向。与此同时，随着企业数字化转型的发展，工业互联网成为政策聚焦的重点领域，2022 年以来，各部门相继出台了多项工业互联网领域政策及标准，旨在推动互联网行业持续健康规范发展。2022 年以来互联网行业重要政策汇总见表 1 - 3。

表 1 – 3　　　　　　　2022 年以来互联网行业重点政策汇总

时间	部门	名称	政策要点	政策导向
2021 年 12 月	发展改革委、市场监管总局、中央网信办、工业和信息化部、人力资源社会保障部、农业农村部、商务部、人民银行、税务总局	《关于推动平台经济规范健康持续发展的若干意见》	从构筑国家竞争新优势的战略高度出发，建立健全规则制度，优化平台经济发展环境	平台经济规范发展
2022 年 3 月	工业和信息化部	《车联网网络安全和数据安全标准体系建设指南》	到 2023 年底，初步构建起车联网网络安全和数据安全标准体系。重点研究基础共性、终端与设施网络安全、网络通信安全、数据安全、应用服务安全、安全保障与支撑等标准，完成 50 项以上急需标准的研制	数据要素安全发展
2022 年 3 月	国家网信办、税务总局、市场监管总局	《关于进一步规范网络直播盈利行为　促进行业健康发展的意见》	规范网络直播营利行为、促进行业健康发展。加强网络直播账号注册、分级分类管理，营造网络直播公平竞争环境	规范网络直播行业
2022 年 4 月	工业和信息化部	《工业互联网专项工作组 2022 年工作计划》	支持符合条件的工业互联网企业公开发行证券并上市，在全国股转系统基础层和创新层挂牌，以及通过增发、配股、可转债等方式再融资	工业互联网产业规划
2022 年 4 月	中央网信办、国家发展改革委、工业和信息化部	《深入推进 IPv6 规模部署和应用 2022 年工作安排》	到 2022 年末，IPv6 活跃用户数达到 7 亿，物联网 IPv6 连接数达到 1.8 亿，固定网络 IPv6 流量占比达到 13%，移动网络 IPv6 流量占比达到 45%	优化网络性能

时间	部门	名称	政策要点	政策导向
2022 年 4 月	中央网信办、农业农村部、国家发展改革委、工业和信息化部、国家乡村振兴局	《2022 年数字乡村发展工作要点》	通过加强平台建设，鼓励加快推动教育、医疗、信息服务、农村电商等多种民生服务场景向乡村下沉，提供数字惠民服务，进一步释放我国乡村数字经济发展潜力	数字乡村建设
2022 年 5 月	中央文明办、文化旅游部、国家广播电视总局、国家互联网信息办公室	《关于规范网络直播打赏 加强未成年人保护的意见》	提出禁止未成年人参与直播打赏、严控未成年人从事主播、优化升级"青少年模式"、建立专门服务团队、加强高峰时段管理等 7 方面工作举措	行业规范
2022 年 5 月	工业和信息化部	《2022 年跨行业跨领域工业互联网平台名单》	确定了 2022 年跨行业跨领域工业互联网平台名单	推动工业互联网平台创新发展
2022 年 6 月	国家广播电视总局、文化和旅游部	《网络主播行为规范》	明确了网络主播在提供网络表演及视听节目服务过程中，不得出现的 31 种行为	规范直播电视行业发展
2022 年 6 月	国家互联网信息办公室	《互联网用户账号信息管理规定》	规定明确账号信息管理的规范，要求互联网信息服务提供者履行账号信息管理主体责任，建立健全并严格落实真实身份信息认证、账号信息核验、信息内容安全、生态治理等管理制度	加强互联网信息服务管理
2022 年 8 月	中央网信办、农业农村部、工业和信息化部、市场监管总局	《数字乡村标准体系建设指南》	提出了数字乡村标准体系框架，明确了"十四五"时期数字乡村标准化建设目标、建设内容和建设路径，进一步优化标准规划布局	数字乡村建设

续表

时间	部门	名称	政策要点	政策导向
2022 年 9 月	中央网信办	《关于修改〈中华人民共和国网络安全法〉的决定（征求意见稿）》	罚款金额提升，禁止直接负责的主管人员和其他直接责任人在一定期限内担任相关企业的董事、监事、高级管理人员或从事网络安全管理和网络运营关键岗位的工作	对于互联网安全处罚进行修订
2022 年 10 月	国家市场监管总局	《工业互联网平台企业应用水平及绩效评价》	围绕推进平台规模化普及应用，提出了覆盖工业互联网平台应用全局、全过程、全要素的应用能力与绩效评价体系	工业互联网标准设定
2022 年 10 月	工业和信息化部	《关于加强和改进工业和信息化人才队伍建设的实施意见》	提出实施"制造业人才支持计划"，选拔和支持一批高水平管理、技术、技能人才，着力解决企业留才难、引才难和育才能力不强的问题，提高制造业企业人才集聚能力	互联网人才培养
2022 年 11 月	国家发展改革委	《关于数字经济发展情况的报告》	贯彻国家网络安全、数据安全等法律法规，落实网络安全等级保护、关键信息基础设施安全保护等制度要求，强化网络、数据等安全保障体系建设，健全网络应急事件预警通报和应急处理机制，强化网络安全技术措施同步规划、同步建设、同步使用要求，推动网络安全产业高质量发展，增强网络安防能力	健全网络安全
2022 年 12 月	中共中央、国务院	《关于构建数据基础制度 更好发挥数据要素作用的意见》	构建数据基础制度，保障数据要素的安全和发展	数据要素安全发展

时间	部门	名称	政策要点	政策导向
2022 年 12 月	国务院	《扩大内需战略规划纲要（2022～2035 年)》	支持社交电商、网络直播等多样化经营模式，鼓励发展基于知识传播、经验分享的创新平台；支持线上多样化社交、短视频平台规范有序发展，鼓励微应用、微电影等创新	鼓励电商直播行业发展

资料来源：各政府部门网站整理。

随着利好政策的引导和科技的飞速发展，互联网行业在过去的几十年里取得了举世瞩目的成就。从最初的电子邮件、即时通信，发展到如今的社交媒体、电子商务，互联网已经渗透到人们生活、工作、学习等方方面面。工业和信息化部最新数据显示，2023 年前 10 个月，中国规模以上互联网和相关服务企业完成互联网业务收入 14 039 亿元，同比增长 5.9%，实现利润总额 1 074 亿元，同比增长 10%，行业总体发展呈增长态势。① 互联网行业发展呈现出多个典型趋势：5G 技术引领、物联网高速发展、人工智能深入融合、区块链技术广泛应用、跨界融合加速产业升级等。在新的历史机遇下，中国互联网企业正在围绕国家发展战略，加大技术创新力度，不断提升核心竞争力，为推动中国互联网行业持续健康规范发展贡献力量。

互联网企业从广义上看，是指以计算机网络技术为基础，利用网络平台提供服务并因此获得收入的企业。具体包括：基础层互联网企业、服务层互联网企业及终端层互联网企业。然而，随着数字经济的高速发展，互联网企业面临诸多挑战，具体表现在：（1）对客户定

---

① 2023 年 1—10 月份互联网和相关服务业运行情况 . 新浪网 . http：//finance. sina. com. cn/tech/roll/2023－11－30/doc－imzwmafu 1553541. shtml.

位不够准确。尽管互联网平台客户访问量居高不下，但其成交额较小，这是由于企业不能根据客户的产品和服务需求偏好，对客户进行分类管控，实施定向推介。（2）无法满足客户多元个性化服务需求。尽管主流互联网平台采用了拓展品类渠道、强化供应链管理、不间断推出品牌日、提升购物价值等手段，但仍无法满足在线客户重品质、重体验、便捷性、个性化、定制化等多元购物需求。（3）竞争力的削弱。先进的网络技术削减了客户与企业之间的信息不对称，客户通过网络搜索或在线查阅等手段，可以快速准确地获得企业产品信息，而企业无法精准获取到客户偏好信息，从而导致网上交易过程中企业议价能力的降低。（4）缺乏跨企业合作。由于时间和空间的隔离，企业与互补企业间缺乏有效的信息共享机制，从而面临企业之间合作的挑战。

为了更好地应对这些挑战，越来越多大型互联网企业意识到在线个性化服务（online personalization service）的重要作用，如亚马逊、海尔、Apple、DoubleClick 等，通过为客户提供在线个性化解决方案而获得了巨大的成功。这些互联网企业将其产品属性的相关信息（如名称、品牌、价格、型号、大小、功能、用途、材质等），通过内嵌于浏览器中的工具栏、桌面搜索栏、侧边栏、链接、子链接或浏览器助手等个性化服务方式呈现给客户[1]，供客户在线自主选择和设定。通过在线个性化服务，企业根据客户对产品和服务的需求偏好，很容易实现产品的定向推介；并且可以与客户进行在线互动体验，极大地满足客户的个性化多元购物需求；可以有效地获取到客户偏好信息，提升了客企交易过程中的议价能力。因此，在线个性化服务具有十分重要的实践和应用价值，具体表现在：

对于客户而言，可以快速锁定目标产品，节省选购时间和精力，简化决策过程；同时，通过在线互动，可以大幅度提升客户满意度。此外，客户在线与企业互动过程中，客户可以战略性地选择、设定并使用一定的个性化服务，来使自己收益最大化。对于互联网企业而言，可以有效地获取到客户偏好信息，提升企业收集、存储、处理等客户偏好信息的能力，为客户提供在线定制化产品（customized products），进而获得竞争优势提供支持[2]。同时，通过对客户偏好信息的分析和理解，一方面，为企业实施目标定价、定向广告和精准推介提供坚实的决策依据[3,4]。另一方面，将所获取到的客户偏好信息有偿共享给其互补企业，进而使客户信息增值于企业。对于互补企业而言，通过有偿共享的方式，从与其产品互补的、具有信息优势的互联网企业处获取到所需的客户偏好信息，进而实现产品的优化升级和改良。

在数字经济背景下，尽管在线个性化服务有着广泛的应用前景和市场价值，但其发展仍面临几个方面的问题：

一是在线个性化服务的提供类型仍然比较单一，绝大多数互联网企业仅考虑了基本个性化服务，不能全面满足客户互补性服务需求。单一的基本个性化服务广泛存在于企业管理实践中，但是为满足客户的互补性需求，很多企业开始探索互补个性化服务提供策略。例如：www. shopbmwusa. com① 不仅提供 BMW 汽车相关属性的个性化服务［如系列（series）、气缸（cylinders）、排量（displacement）、马力（horsepower）和加速器（acceleration）等］供客户在线选择，同时还提供多种互补的配件及附属品［如尖端移动装置（cutting-edge mobile）、无线网络技术（wireless technology）、内饰（interior motifs）、行李舱架（luggage compartment）和地毯（floor mats）等］。网上银行www. bankofamerica. com② 同时为客户提供基本的账务管理和资金管理服务［如交易记录查询（checking daily transactions）、支付（payment）、转

---

① 宝马汽车生活方式店 . http：//www. shopbmwusa. com/BMW－LIFESTYLE.

② 美国银行移动与网上银行 . https：//www. bankofamerica. com/onlinebanking/online－banking. go.

账（transfers）等］和互补的增值服务［如借贷（loans）、投资（invest-ments）、理财（financial planning）、退休金（retirement allowance）等］。对于互联网企业而言，如何有效地利用产品间的互补关系来提供在线个性化服务，继而更好地激发客户潜在产品需求，提升企业绩效及核心竞争优势，成为互联网企业亟待解决的关键问题。

二是很多互联网企业仅仅是利用在线个性化服务与客户互动，来获取客户偏好信息，尚未实现真正意义上的信息服务价值转化。网络技术和各种个性化工具的迅速发展，更是为互联网企业设计和提供在线个性化服务提供了技术可行性，大大推动了在线个性化服务的开展。为提升客户关于在线个性化服务的满意度，互联网企业不仅向客户提供关于自身产品属性相关的个性化服务，而且提供一定的附加或增值服务，如互补品属性相关的个性化服务，来最大限度地获取客户偏好信息。例如：对于许多新兴的中小企业而言，由于品牌知名度、专业程度和资源的匮乏，创建初始没有很好的客户信息积累，进而无法进行全新的产品设计和改良，以最大限度地满足客户的满意度。此外，这些企业要想建立完善和全新的互动平台来与客户沟通进而获取客户偏好信息，需要付出高昂的成本。因此，对于这些互补企业而言，采用何种方式购买所需偏好信息，如何开展在线个性化服务合作，以及企业如何实现优势偏好信息的价值转化，迫切需要理论研究为互补企业提供实践指导和理论支撑。

三是缺乏利用差异化的服务质量来获得竞争优势的服务提供策略的决策支持，从而限制了在线个性化服务的推广及应用。由于技术局限性、产品特性及服务侧重点不同，互为互补企业的 APPLE 和 AT&T，两者所提供的两种个性化服务质量存在明显差异[5]。例如：www. apple. com① 同时提供苹果手机相关属性的个性化服务［如型号

---

① 苹果手机网上商店. https：//www. apple. com/shop/buy－iphone/iphone－7.

（model）、颜色（color）、配置（configuration）、存储（capacity）、支付方式（payment）等]，以及与之多种互补的移动网络服务和配件及附属品（如 AT&T、Sprint、T‐Mobile、Verizon 等）供客户在线选择。而 www.att.com[①] 同样为客户同时提供移动网络及手机产品相关的个性化服务。对于互补企业而言，如何调整和制定差异化质量的互补个性化服务提供策略，以及差异化的服务质量如何影响企业的产品定价和利润。因此，在线个性化服务研究越来越凸显出研究的必要性和重要性，迫切需要相关研究为企业提供理论指导和决策支持。

在线个性化服务的理论研究严重滞后于企业管理实践，在线个性化服务提供策略作为一个崭新的研究课题，理论研究仍处于探索阶段。现有文献中，在线个性化服务研究重点主要围绕在线服务需求获取及识别、在线信息服务传递方法及系统、在线信息服务模式及策略三个研究专题展开，不能很好地指导和解决上述企业管理实践中存在的亟待解决的问题。而且从个性化服务价值视角，现有研究大多还停留在垂直方向上企业与客户之间，以及水平方向上企业与竞争企业之间个性化服务的策略制定和关系影响上，还未曾深入到互补企业之间。理论研究具有一定的局限性。随着电子商务和信息技术的不断发展，客户需求呈现出多元化的趋势，在线个性化服务提供过程也暴露出复杂性、动态性及系统性等特征，现有研究不能全面揭示互补性服务需求对在线个性化服务的作用机理和本质。此外，对于互补企业间而言，如何展开在线个性化服务合作，如何通过差异化的在线个性化服务来获得竞争优势的研究相对较少，不能全面揭示互补企业间个性化服务的作用机理和影响。在数字经济背景下，从客户互补性需求入手，有必要将企业、互补企业及客户纳入同一分析体系，探讨三个利

---

① 美国 ATT 电信公司网上商店．https：//www.att.com/shop/wireless/deviceconfigurator.html？prefetched＝true&sku＝sku8040300．

益主体之间的个性化服务提供策略，对企业实施互补个性服务战略来获得竞争优势，具有十分重要的理论价值和实践指导意义。

为回答企业在新型电子商务实践中所面临以及亟待解决的这些问题，本书需要从理论上分析具有互补关系的个性化服务的概念内涵、过程、特性、提供方式、提供策略和影响机理等，对不同数字经济背景下个性化服务的提供策略及影响进行深入探讨，进而为企业个性化服务的有效实施提供理论上的指导和实践上的支持，进一步促进数字经济的发展。因此，本书基于数字经济背景，立足于互联网企业视角，着力研究不同客户分类、不同定价方式、服务质量差异化三种数字经济背景下，由在线个性化服务的接受者（客户）和提供者（企业与互补企业）构成的服务体系中，企业提供两种具有互补关系的在线个性化服务的策略及影响机理。进一步明确以下几个基本问题：①面向客户，企业如何制定具有互补关系的在线个性化服务提供策略；②面向互补企业，企业如何合理有效地运用特有的在线个性化服务优势和客户信息资源优势与互补企业展开合作，以及如何将优势信息资源转化为价值；③面向互补企业间，如何利用差异化的在线个性化服务质量以获得更大的竞争优势和利润。

1.2　相关概念的界定

1.2.1　在线个性化服务

（1）在线个性化服务的定义

在线个性化服务（online personalization service）是根据客户在线自主选择和设定来实现的信息服务，是基于客户线上多渠道互动及自主选择，获得并分析出客户偏好，进而向客户提供和推荐相关产品信息，以满足客户个性化需求的信息服务[6]。

根据上述定义，在线个性化服务的内涵主要体现在：第一，在线个性化服务是一种特殊的信息服务，其目的是通过满足客户服务需求来获取偏好信息。这种信息服务是实体产品信息的辅助，能更好地引导客户使用和购买产品或服务。第二，在线个性化服务是通过客户在线自主选择和设定来实现的。在个性化服务环境下，客户在使用或自主选择这些个性化服务时，必须将个人对产品或服务的偏好信息披露给企业。因此，没有客户偏好信息的披露，在线个性化服务是不可能实现的。第三，在线个性化服务是通过线上多渠道与客户进行交互，来达到获取客户信息的目的。第四，通过对所获取到的客户偏好信息，进行分析处理，进而提升个性化服务策略、对产品进行改进、实施目标市场营销及定向广告推介等，从而最大限度地满足客户个性化需求偏好。

（2）在线个性化服务过程

不同于一般的线下服务，阿多马维西斯（Adomavicius，2005）指出在线个性化服务交付过程具体包括：信息获取、客户档案建立、信息媒介展示、在线个性化服务的交付及呈现、在线个性化服务评价、在线个性化服务调整六个方面，从而形成一个反馈回路[6]。这六个方面依次循环，迭代重复进行，如图1-1所示。

从上述服务过程可以看出，在线个性化分为客户理解和分类、服务内容交付及服务影响评价三个重要阶段。其中客户理解和分类阶段主要是客户信息的获取、收集、整理，并将这些信息转化成可实施的客户知识，进而建立客户档案。如果从信息获取、知识转化到客户档案建立存在问题，将严重影响后续阶段的实施。因此，客户理解和分类阶段是后续两个阶段的基础，具有十分重要的意义。本书从企业运营管理视角，主要针对客户理解和分类阶段中的在线个性化服务提供策略问题，展开深入研究，进而为在线个性化服务的有效实施奠定理论基础。

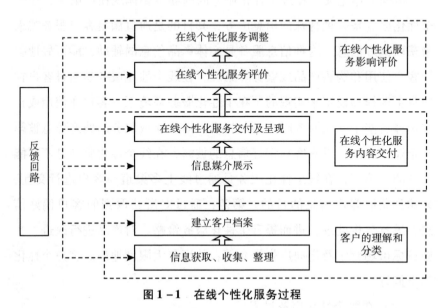

图1-1 在线个性化服务过程

资料来源：Adomavicius G and Tuzhilin A. Personalization technologies：A process-oriented perspective. 2005.

（3）在线个性化服务的特性

在线个性化服务除了具有无形性、差异性、不可储存性、不可转让性等基本特征之外，还具有以下典型特性：

①免费性（free offering）。即客户免费使用企业提供的在线个性化服务。这是因为互联网企业为了更好地销售产品，以产品为主，在线个性化服务只是产品的相关附加服务，其目的是更好地引导客户购买产品。而在个性化服务提供过程中，从企业视角来看，在线个性化服务来获取客户偏好信息；从客户视角来看，客户披露偏好信息来交换在线个性化服务。因此，客户与企业同时赋予一定的固有市场力，即企业有限制地提供在线个性化服务的数量或质量，而客户有选择地

使用企业提供的在线个性化服务。从本质上讲，没有客户个人偏好信息的披露，个性化是不可能实现的。通过在线个性化服务，客户可以快速锁定目标产品，节省选购时间和精力，简化决策过程，提升满意度；企业通过对客户偏好信息的分析和处理，可以用来提升个性化服务策略、对产品进行改进、实施目标市场营销以及目标市场定价等。因此，这种服务—信息的交易模式不同于传统的经济商品，在线个性化服务通常免费提供给客户。彻拉帕等（Chellappa et al.，2007，2010）[1,4]在研究在线个性化服务与客户隐私关注的经济特性时，指出了在线个性化服务的这一特性。

②零边际生产可变成本（zero-marginal variable cost of production）。即企业提供的在线个性化服务，其边际生产可变成本几乎为零。在线个性化服务作为一种特殊的信息服务商品，它的边际生产可变成本几乎为零或者等于零。这是由于在线个性化服务，并非像实体产品，需要经过严格的生产加工过程才能成形。在网络环境下，这种信息产品在虚拟环境中通过简单的网络和信息技术，很容易实现，其边际生产可变成本几乎可以忽略不计。而且，这种信息服务是可以反复使用的，不会因为多个客户使用而重新生产。此外，在线个性化服务技术自动实现客户偏好信息的获取和存储，其在线个性化服务的监管成本也为零。桑达拉拉詹（Sundararajan，2004）[7]在研究信息商品的非线性定价时，指出信息商品具有零边际生产可变成本。彻拉帕等（2010）[1]研究在线个性化服务机制设计时，考虑了个性化服务的零边际生产可变成本特性。

③非自由处置性（non-free disposal）：所谓自由处置（free disposal）是指多余的生产投入不会产生成本，生产者可以无成本地处置多余的生产投入。在个性化环境下，非自由处置是指客户在选择和使用过多的在线个性化服务时会产生成本，这些成本包括时间成本、精力成本以及信息泄露风险成本等。这是因为，企业提供在线个性化服务

是为了交换客户偏好信息，而对于客户而言，其选择和使用的服务越多，披露的信息就会越多，进而产生的成本就越多。在个性化环境下，由于客户对自身偏好信息泄露的关注和担忧，并不会完全使用企业提供的所有个性化服务。客户会根据自身的服务偏好需求，有针对性地选择并使用这些个性化服务。因此，在线个性化服务并非使用越多，对客户越有利。例如，对旅游者而言行李箱并不是越大越好；对饮酒的人而言并非喝得越多越好，等等。现有文献在研究个性化服务提供策略时，彻拉帕等（2010）[1]提出了在线个性化服务的非自由处置特性。

（4）在线个性化服务提供方式

企业提供在线个性化的载体主要包括网页、链接、产品属性推荐、电子邮件、信息搜索、动态价格等[3]。这些个性化的内容或服务往往在客户浏览网站、在线购物、在线互动等活动中呈现。客户使用这些个性化服务时，通过逐层自主选择和设定，一层接一层往前推进。当所有的需求都得到满足时，满意的服务信息界面或网页便呈现在客户面前。这时在线个性化服务业得以成功实现。

在企业管理实践中，在线个性化服务主要借助于工具栏（toolbars）、侧边栏（sidebars）、桌面搜索（deskbars）、链接（links）、子链接（sublinks）等技术手段来实现[1]。在线个性化服务的度量可用这些实现方式的长短、大小等来刻画。例如，工具栏的大小、侧边栏的长度等[5]。

（5）在线个性化服务提供策略

在线个性化服务提供策略（offering strategy for online personalization service）是通过在线个性化服务实现信息获取目标的方案集合，是根据服务提供者和接受者之间收益的变化而制定的行动方针和斗争方法[1]。企业为实现最大限度获取客户偏好信息的目的，预先根据客户需求及市场中各经济主体间可能出现的收益变化，制定若干对应的个性化服务方案集合；同时，在实现目标的过程中，根据客户需求变化和市场发展来制定或选择相应的方案，并最终实现目标[1]。

（6）在线个性化服务水平的界定

在线个性化服务水平（online personalization service levels）是企业提供的在线个性化服务质量的定性表达，是反映高质量个性化服务满足客户需求的程度。值得注意的是，服务水平关系到服务质量的好与坏，而服务质量则反映服务水平的高与低[1,4]。

1.2.2　互补关系界定

（1）互补品

随着网络信息技术的不断发展和社会的不断进步，人们物质生活水平持续提升。消费者对产品的需求也不断呈现出精细化、关联化的趋势。而作为一类特殊的商品，即"互补品"，频繁地出现在消费者电子市场中。例如，高清电视依赖于高清电视节目，网络游戏离不开网络游戏服务器或私服。大量的互补品出现在消费者生活中，如移动电话与无线移动网络、电脑硬件及软件等。为揭示这些产品之间的相互依从关系，本节给出互补品的定义。

互补品（complementary goods）是指一个消费者使用两种组合产品的总效用大于单独使用这两种产品的效用之和，这样的两种产品互为互补品[8]。

互补品不同于其他替代品，从客户需求角度，它们之间存在消费关联需求关系。从经济学角度来看，若一种产品因价格上升而导致购买需求下降，也可能会造成互补品购买需求的下降。正是由于互补品之间这种特殊的交互、依从关系，在企业管理实践中，多采用捆绑式经营、交叉补贴等策略来获得竞争优势。

（2）互补企业

顾名思义，生产或销售两种互补产品的企业则互为互补企业（complementary firms）。为避免产生歧义，本节中用互联网企业 1 和互补企业 2，来表示这两个具有互补关系的企业。

（3）互补度

互补度（complementarity）是互补产品或服务之间内在的相互依从关系。每个客户对于两个产品或服务互补度的强弱认知，存在个体差异性。为刻画互补产品或服务之间相互依从关系的强弱，本节用参数 K 来表示互补度。

在一个互补产品或服务市场中，互补度的出现，使得客户试图评价两种产品或服务的偏好倾向时，不得不考虑产品或服务交互依从的影响。在本节构建模型时，互补度被用来揭示客户对两种互补服务之间的偏好倾向。正如后文的建模分析，互补度很好地诠释了互补服务的这种依从关系，以及对企业决策的重要影响。

因此，本节包含两层互补关系，即企业之间的互补，以及互补企业所提供的在线个性化服务之间的互补。在数字经济背景下，本书以产品互补性延伸至在线个性化服务的互补性，来探讨具有互补关系的在线个性化服务的提供策略及影响机理。

（4）两种个性化服务的界定

本节的研究对象是由互联网企业、互补企业及客户组成的服务系统，用以探讨互为互补关系的企业 1 和互补企业 2，如何为客户提供在线个性化服务来使其信息收益最大化。为了更好地区分两互补企业间在线个性化服务的影响及企业的最优决策，下文将两企业对应的在线个性化服务定义为基本个性化服务和互补个性化服务。

基本个性化服务（basic personalization services）是指刻画与企业 1 产品属性相关的在线个性化服务，用参数 S_1 来表示[5]。用 S_1^* 表示企业提供的最优基本个性化服务水平。为了表征企业 1 对应的在线个性化服务，本节定义了基本个性化服务。例如作为移动手机供应商 Apple 公司，在其门户网站上推荐宣传新品 iPhone 8。Apple 提供的关于 iPhone 8 的产品属性信息，包括：型号（model）、颜色（color）、存储（capacity）、支付方式（payment）、配送方式（express）等，这些服务称为基本个性化服务。

互补个性化服务（complementary personalization services）是指刻画与互补企业 2 产品属性相关的在线个性化服务，用参数 S_2 来表示[5]。用 S_2^* 表示企业提供的最优互补个性化服务水平。而作为与 Apple 互补的企业 2，即移动通信供应商（carrier），如 AT&T，Sprint，T–Mobile，Verizon 等无线网络产品属性相关的个性化服务称为互补个性化服务。

（5）两种个性化服务的区别与联系

从上述定义可以看出，基本个性化服务表征企业 1 产品相关的服务信息，而互补个性化服务则是表示互补企业 2 产品相关的服务信息。因此，基本个性化服务对应于企业 1，而互补个性化服务是对应于互补企业 2 的。

两种在线个性化服务的关系是以基本个性化服务为主，而互补个性化服务为辅。换而言之，企业 1 在市场中占主导地位，而互补企业 2 的服务为企业 1 互补服务。

1.3　研　究　问　题

1.3.1　研究问题提出的依据

在数字经济背景下，研究在线个性化服务的提供策略及影响机理，从互联网企业视角出发，探讨具有互补关系的在线个性化服务提供策略是一个崭新的研究课题。从个性化服务概念的提出，到管理实践中的广泛应用，由于缺乏必要的决策支持工具和决策理论支撑，导致对个性化服务的管理和实施水平存在明显差异。目前企业在制定在线个性化服务决策时，缺乏管理方法支持、理论支撑和技术指导，严重滞后于企业管理实践需求。

首先，虽然企业界已经意识到在线个性化服务的重要性，并开始了管理实践，但是对于由在线个性化服务的接受者（客户）和提供者（企业与互补企业）构成的服务体系中，在线个性化服务的管理实践仍面临诸多瓶颈问题，严重阻碍了企业的发展和在线个性化服务的推广应用。

20世纪90年代末开始，一些大型企业针对在线个性化开展管理实践活动，已经取得了巨大的成功。但是仍面临诸多管理实践的"瓶颈问题"：（1）如何基于提供在线个性化服务，准确获得客户互补产品需求信息？由于客户对互补个性化服务效用感知和互补个性化服务提供确知的差异性，导致市场中不同客户类型的出现，企业界对此的认识存在不足，无法满足每一个客户的个性化服务需求。因此，如何调整和制定在线个性化服务提供策略，以求最大限度地获取客户偏好信息成为企业管理实践的现实困境。（2）如何利用在线个性化服务获取客户偏好的信息优势，来实现偏好信息的价值转化？由于客户偏好信息可以为产品优化升级和改良，实施目标定价、定向广告和精准推介提供重要依据，因此企业如何实现利用在线个性化服务所获得的信息优势的价值转化，以及互补企业间如何展开服务合作，存在巨大的商机和市场价值。（3）如何利用差异化的服务质量获得竞争优势？由于技术局限性、产品特性及服务侧重点不同，互为互补企业间所提供的两种个性化服务质量存在明显差异，企业如何利用这种服务质量差异化来获得竞争优势，差异化的服务质量如何影响企业的绩效，研究这一问题对企业发展具有重要的理论和实践价值。综上所述，如果这些问题得不到很好的解决，便会严重阻碍企业的发展。

其次，虽然现有文献从不同学术前沿领域对在线个性化展开研究，但并没有涉及由客户、企业、互补企业构成的服务系统中，在线个性化服务的提供策略和影响机理的深入研究，存在一定的局限性，严重制约了在线个性化相关理论的发展。

现有文献研究重点主要围绕在线服务需求获取及识别、在线信息服务传递方法及系统、在线信息服务模式及策略三个研究专题展开。本书基于数字经济背景，立足于互联网企业视角，着力研究在线信息服务模式及策略专题中的服务提供策略问题。通过对现有文献的梳理和分析后发现，在线个性化服务提供策略和影响机理的研究仍存在三个基本书问题：（1）面向客户，现有文献多集中于研究在线个性化服务的模式及对客户行为影响，而基于互补关系的客户在线行为的收益和风险经济模型研究相对缺乏。尤其是基于客户对互补个性化服务效用感知和互补个性化服务提供确知的差异性，研究不同客户分类对在线个性化服务提供策略和影响机理的研究更为鲜见。（2）面向互补企业，现有文献多集中于研究企业个性化服务策略与客户偏好信息获取之间的关系机理，而与互补企业开展个性化服务合作研究比较缺乏，而基于客户信息获取能力的优势，研究不同信息交易方式对在线个性化服务提供策略和影响机理的研究更为鲜见。（3）面向互补企业间，当互补企业具有提供在线个性化服务能力下，互补企业间如何利用差异化的在线个性化服务来获得竞争优势的研究比较缺乏，而基于互补企业间提供个性化服务能力的差异性，来探讨服务质量差异化对企业定价和收益的影响机理的研究更为鲜见。因此，有必要从理论上对在线个性化服务提供策略进行深入研究。

最后，深入研究不同数字经济背景下的在线个性化服务提供策略和影响机理，可以更好地指导企业推行和实施在线个性化服务管理实践，为企业提高绩效和提升竞争力，具有十分重要的实践价值和理论意义。

通过对不同客户分类、不同定价方式及服务质量差异化三种情境下，在线个性化服务提供策略的深入研究，可以更好地指导企业管理实践。（1）考虑不同客户分类情境，从服务预期收益和信息披露感知风险两个维度去刻画客户效用，可以更好地为企业精准设计和实施在线个性化服务策略来获取客户偏好信息提供理论指导和技术支撑。（2）考虑不同定价方式情境，为建模研究互补企业间接信息获取和服务合作提供理论指导和决策支持。（3）考虑服务质量差异化情境，探明三种情境下差异化的服务质量对企业服务提供策略的作用机理，为企业制定质量差异化服务策略提供理论指导和决策支撑。因此，对在线个性化服务提供策略的深入研究，进而达到提高企业绩效和提升企业竞争力的目的。

从以上分析可知，现有研究无法有效地、系统地解答由企业、互补企业和客户组成的服务系统中存在的三个经济主体之间的服务提供、价值转化和利益影响问题，理论研究严重滞后于企业管理实践需要，成为制约企业推行在线个性化服务决策的"瓶颈"之一。这些研究不足，很大程度上制约了企业对客户互补性服务需求的认识，从而制约了在线个性化服务相关研究的进一步发展。因此，正是由于现有研究中不足和空缺的存在，恰恰体现了本书所具有的理论价值和现实意义。

1.3.2　主要研究问题

本书围绕"数字经济背景下互联网企业在线个性化服务提供策略研究"这一焦点问题，立足于互联网企业视角，以信息经济学、运筹学、博弈论等学科的理论为基础，结合模型构建、理论推导及算例分析等多种研究方法，研究基于偏好信息披露益损感知的客户分类、基于偏好信息交易的支付分类和基于互补企业间个性化服务质量的差异竞合三种情境下企业在线个性化服务提供策略及影响机理。研究结论有助于指导企业实施在线个性化服务提供策略，以提升企业的服务水平和竞争能力。具体而言，本书中主要包括以下三个研究问题：

第一，针对满足客户互补性需求问题，企业如何制定和设计不同客户分类情境下在线个性化服务提供策略？

基于偏好信息披露益损预期的客户分类下，企业在线个性化服务提供策略研究的目的是面向客户，在企业独立提供两种具有互补关系的在线个性化服务基础上，对市场中客户对互补个性化服务效用感知和互补个性化服务提供确知的差异性进行深入分析并分类，从而针对不同类型客户提供最优的在线个性化服务策略，以达到最大限度获取客户偏好信息。

要解答这个研究问题，首先，本书要界定具有互补关系的个性化服务收益，与客户偏好信息披露感知风险的关系比率，在此基础上构建客户关于在线个性化服务的效用模型。其次，针对客户对互补个性化服务效用感知和是否使用互补个性化服务认知的差异性，界定出基本客户、潜在客户和战略客户三种客户类型，构建不同类型的效用模型。最后，针对三种不同客户类型要分别构建在线个性化服务决策模型，提出三种客户分类下企业的最优个性化服务提供策略。需要指出的是，本书还要深入分析三类客户同时存在情况下的最优决策，探讨信息边际价值、互补度及客户分类对最优策略的影响机理，补充和完善关于企业是否应该投资并提供基于互补关系的个性化服务在理论方面的空白，深化企业对客户分类影响机理的认识，为后续在线个性化服务策略研究提供了理论基础。

第二，针对与互补企业进行信息交易问题，基于互补企业采用固定费用和可变费用两种定价方式，企业如何制定和设计不同定价方式下的在线个性化服务提供策略？

基于偏好信息交易的不同定价方式下，当企业独立提供两种具有互补关系的在线个性化服务来获取客户偏好信息时，所获得的信息中有部分信息是互补企业所必需的。考虑到现实中信息技术处于劣势的互补企业又无法获取到这些客户偏好信息，因而可以采用支付一定的费用从对应的信息资源优势企业处购买这些信息。由于购买方式的不同，从而导致企业提供最优服务策略的不同。在这种情境下，面向互补企业，企业如何确定最优的在线个性化服务策略来获取客户偏好信息就具有十分重要的现实和理论意义。

因此，本书将研究主体由单一企业延伸至互补企业间，进一步探讨不同定价方式下，互为互补企业之间的客户偏好信息交易问题，即信息资源优势企业如何将在线个性化服务所获取到的客户偏好信息有偿共享给互补企业。为此，本书首先要提出企业仅提供基本个性化服务的基准模型；其次运用博弈论构建固定费用和可变费用定价方式下企业的个性化服务决策模型，提出最优的在线个性化服务提供策略和支付价格；并分析服务边际成本和互补度对服务提供策略的影响机理，算例分析验证服务提供策略的有效性。本书可以深化企业有偿共享客户偏好信息的认识，探明互补企业间服务合作的作用机理，也为互补企业从信息资源优势企业的互补个性化服务中间接获取客户偏好信息奠定理论基础。

第三，针对互补企业间服务竞争问题，企业如何制定基于服务质量差异化的在线个性化服务提供策略？

基于互补企业间提供在线个性化服务能力的差异性，因而导致所提供的在线个性化服务质量是有差异的。面向互补企业间，如何利用差异化的在线个性化服务质量来吸引客户，从而获得竞争优势，差异化的服务质量如何影响企业最优的个性化服务提供策略，如何影响企业的价格和利润，就具有十分重要的理论价值和现实意义。

因此，继研究完不同定价方式下企业在线个性化服务的提供策略和价值转化之后，本书将上述单渠道在线个性化服务提供延伸至互补企业间双渠道的服务提供，将具有质量差异化的两种在线个性化服务引入企业决策中。本书首先要构建基于在线个性化服务质量差异和产品差异的二维客户效用模型；然后分析两互补企业提供个性化服务的在线行为，构建差异化在线个性化服务、质量差异化的互补个性化服务、质量差异化的两种在线个性化服务三种情境下的服务提供决策模型，提出服务质量差异化的互补企业间最优的个性化服务提供策略；并分析服务质量和互补度对服务策略及利润的影响机理；算例分析验证服务提供策略的有效性。基于此，本书可以深化企业通过采用差异化服务质量来获得竞争优势的认识，为企业利用产品及服务的互补特性，获得竞争优势和制定个性化服务策略提供决策支持。

1.4　研　究　意　义

1.4.1　理论意义

从理论角度，本书对现有理论和文献的贡献包括以下几个方面：

第一，考虑了企业提供具有互补关系的在线个性化服务策略及影响，丰富了信息系统和数字经济研究领域中有关在线个性化服务策略的研究文献，探讨了水平方向上企业与其互补企业间提供在线个性化服务策略的相互影响机理，对企业实施在线个性化服务战略提供理论支撑。

第二，构建了基于在线个性化服务收益与客户偏好信息披露风险关注下的客户效用模型，拓展了隐私计算理论（privacy calculus theory）中关于偏好信息披露风险关注下的客户行为的认识，分析了企业提供个性化服务与客户使用这些服务的关系，为理解和通过模型诠释这种关系提供了有力的理论和技术借鉴。

第三，考虑了潜在客户存在下基于互补关系的在线个性化服务提供策略及影响，丰富了客户价值和客户分类相关文献，研究了不同客户分类下企业的个性化服务实施策略，从理论上支撑了客户价值相关研究的影响机理。

第四，考虑了基于互补关系的在线个性化服务策略和定价模型，拓展了信息系统领域中关于信息产品定价的相关文献，研究了固定费用和可变费用两种定价方式下的最优服务提供策略及其影响，从理论上有力地支撑了作为一类特殊信息产品的在线个性化服务的定价问题，对推行在线个性化服务的企业是一种很好的理论借鉴。

第五，考虑了服务质量差异化的互补企业间在线个性化服务提供策略及影响，拓展了在线环境下互补品定价策略及互补关系理解的研究文献，研究了基于水平个性化服务占优和基于垂直产品占优下个性化服务策略的影响，对企业实施个性化战略提供理论上的支持，并为企业筛选及确定恰当的互补企业及互补品提供了有力依据。此外，本书建立的水平个性化服务差异化和垂直产品差异化的二维模型，延伸了营销管理领域中有关产品和服务差异化的研究文献，为企业同时分析产品和服务策略提供了理论上的支持，而且为同类研究给出了很好的理论借鉴。

1.4.2 实践意义

在数字经济背景下，由于信息差异化、信息超载及需求的互补性，客户重品质、重体验、便捷性、个性化、定制化的多元购物需求很难得到满足，为获得客户偏好信息，对企业进行产品升级、服务提升，实施目标定价和广告精准推介具有十分重要的战略意义。本书从企业角度出发，分别研究了不同客户分类、不同定价方式及服务质量差异化三种情境下，企业的在线个性化服务策略提供问题，即不同客户分类下在线个性化服务提供策略，不同定价方式下在线个性化服务的提供策略，以及互补企业间基于服务质量差异化的在线个性化服务提供策略，对企业实施在线个性化服务提供策略、影响机理、竞争优势等方面提供了管理实践上的指导。本书通过对在线个性化服务提供策略和影响机理的研究，为企业提供了几点的实践意义。

第一，在数字经济背景下，企业不能对客户行为进行监管，并且不能向客户收取在线个性化服务费用。因此，任何复杂的在线个性化服务策略并不能保证企业获取到更高的信息收益。此外，企业与客户之间的信息不对称加剧了在线个性化服务的提供难度。作为企业而言，应该仔细分析客户在线浏览行为及互补偏好特征，辨识在线个性化服务的关键影响因素，同时探索新的激励措施［如优惠券（coupons）］来获取客户更多有价值的偏好信息。研究发现，对于多种类型客户并存的个性化服务市场，企业应该向客户提供正效用个性化服务策略，进而获得更多的偏好信息价值和更高的服务收益。例如亚马逊根据客户在线浏览及购物行为，进行相关产品服务推荐；海尔卡萨帝社区（www. casarte. cn）提供家装风格及空间布置来激发客户对海尔成套家电的需求和满意度；等等。

第二，随着 Web2. 0 和网络技术的不断发展，先进的网络技术为企业提供了新的方式来获取客户偏好信息。然而，许多新兴的中小企业由于品牌知名度、专业程度和资源的匮乏，创建初始没有很好的客户信息积累，进而无法进行全新的产品设计和改良，以最大限度地满足客户的满意度。此外，这些企业要想建立完善和全新的互动平台来与客户沟通进而获取客户偏好信息，而且客户不情愿去这些非知名的信息平台参与互动或交易，因此对于这些企业想要获取到客户偏好信息基本上是不可能实现的。同时要建立这样的信息平台需要巨大的一次性投入成本，这使得很多中小企业望而却步。但是，这些中小企业可以借助与之互补的信息资源优势企业服务平台，通过支付一定费用而获取到客户偏好信息。同时信息资源优势企业也实现了客户偏好信息的价值转化，提升了企业绩效。

第三，先进的网络技术为企业通过提供质量差异化在线个性化服务来获取竞争优势提供了重要的平台。当企业在其网页或官网上单方面提供质量差异化个性化服务时，尽管可以向客户索取更高的产品价格，但是这样会损害两个互补企业的整体利润。这也说明，企业提供的互补个性化服务可以为客户提供购买便利，同时也加剧了互补企业之间的竞争。此外，当互补企业间同时提供差异化质量的在线个性化服务时，存在 win-lose、win-win、lose-win 三种情境，每一种情境都取决于服务质量差异化的水平。这暗示着企业进行在线个性化服务决策时，战略性地选择在线个性化服务质量来使其利润最大化。目前，大量的门户或网站采用这种策略，如 Apple 和 AT&T。

第四，两种互补个性化服务之间内在依从关系，即互补度，在企业制定决策时扮演十分重要的角色。当企业决定是否投资在线个性化服务来获取更高的竞争优势时，他们必须将互补度纳入考量范围。通常，互补度对每个客户而言，还是存在一定的差异性。而互补度的具体量值可以通过分析客户以往的交易信息和购买互补品数据来获得。因此，在企业制定在线个性化服务决策时，必须考虑着重审视客户的互补性服务偏好，从而获得更大的竞争优势。

1.5 研究思路、方法及结构安排

1.5.1 研究思路

针对满足客户互补性服务需求、互补企业间客户信息交易和互补企业间服务竞争三个现实管理问题，本书提出了三个亟待解决的研究问题。基于互联网企业视角，本书将这三个研究问题凝练成不同客户分类、不同定价方式、服务质量差异化三种数字经济背景下，由在线个性化服务的接受者（客户）和提供者（企业与互补企业）构成的服务体系中，企业提供三种在线个性化服务的策略及影响机理研究。

首先，考虑由客户和互联网企业构成的服务体系，假设客户对互补个性化服务效用感知和互补个性化服务提供确知的差异性，从而导致不同客户分类的出现，进而深入分析企业的个性化服务提供策略，即不同客户分类下的服务提供策略。其次，由于互联网企业通过互补个性化服务可以获得客户关于互补产品的偏好信息，而这些客户信息对处于信息劣势的互补企业具有重要价值，因而考虑由客户、互联网企业及互补企业构成的服务系统，假设互补企业通过支付一定费用从互联网企业处购买所需的互补产品信息，进而在这样的背景下深入探讨企业的服务提供策略，即不同定价方式下的服务提供策略。最后，由于互补企业同样具有提供在线个性化服务的能力和可能性，考虑互联网企业、互补企业和客户构成的服务系统，假设互联网企业与互补企业提供两种在线个性化服务质量存在差异性，进而深入分析企业的最优服务策略，即质量差异化的服务提供策略。因此，上述三种服务提供策略的内在逻辑关系是围绕由服务垄断，到服务合作，再到服务竞争展开研究设计，遵循由简单到复杂的研究思路设计研究方案，如图 1-2 所示。

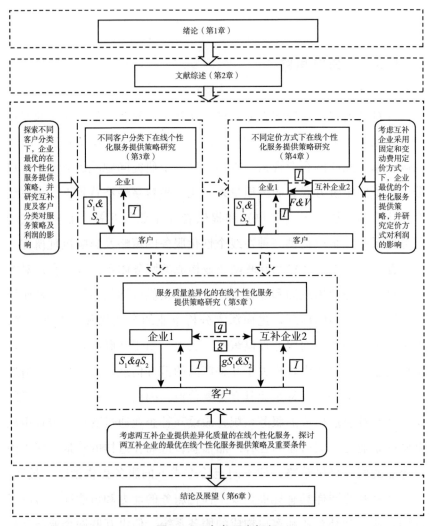

图 1-2　全书研究框架

（1）不同客户分类下的服务提供策略：在不同客户分类情境下，构建客户在线个性化服务预期收益，与偏好信息披露风险关注下的客

户效用模型的基础上，考虑基本客户、潜在客户和战略客户分类存在
下，企业 1 同时提供两种具有互补关系的在线个性化服务，分析研究
不同客户分类占优情形下，企业 1 的最优在线个性化服务提供策略，
并分析互补度及不同客户分类数量对服务策略及利润的影响。

（2）不同定价方式下的服务提供策略：在不同定价方式情境下，
由不同客户分类下的服务提供策略的分析可知，企业 1 提供两种个性
化服务，可以获得对于互补企业 2 有用的客户偏好信息，故而互补企
业 2 可与企业 1 展开服务合作。互补企业 2 支付给企业 1 一定的互补
个性化服务费用，即：固定费用或可变费用，从企业 1 处间接获取到
对自己有用的客户偏好信息。因此，在不同客户分类下的服务提供策
略基础上，立足于企业 1，深入探讨固定费用和可变费用定价方式下
的个性化服务提供策略及其影响。

（3）质量差异化的服务提供策略：在不同客户分类和不同定价
方式下的服务提供策略研究基础上，基于服务质量差异化情境，本书
立足于企业 1，将单渠道服务信息提供拓展至双渠道互补企业间同时
提供服务信息的情形，深入探讨两互补企业分别提供质量差异化的在
线个性化服务，通过分析研究差异化个性化服务、质量差异化的互补
个性化服务、质量差异化的两种个性化服务三种不同情境下的个性化
服务提供策略，提出两企业的最优服务决策模型，并分析了重要参变
量对最优服务策略及利润的影响。

1.5.2 研究方法

根据上述研究问题及界定的研究对象，本书中文献综述和理论建
模严格按照科学的研究范式，遵循由简单到复杂的研究思路来设计研
究方案，在已得到的研究结论基础上，再进行后续研究内容的展开，
具有顺承性和研究结果的逻辑性。

文献综述法是指在系统全面搜集国内外相关研究的基础上，对文献进行归纳整理和分析鉴别，提出某一时期内该研究领域内的阶段性成果，并对这些研究成果进行系统全面的述评，从而找出文献中存在的理论欠缺和空白，为下一步的研究指明方向的一种研究方法。文献综述法可以有效地归纳出现有文献或理论的研究及应用现状，提炼出现有研究的欠缺和空白，为本书设计奠定文献和理论基础，更好地指导本书思路的展开，进而达到预期的研究目的。针对文献综述方面，本书从在线个性化服务及发展、客户价值和客户分类、客户偏好信息的价值管理及产品或服务质量差异化等几个方面展开综述。首先，从上述关键概念的提出，到研究的发展、应用及演变，再到理论框架的初步形成。其次，通过归纳现有文献，明确指出在线个性化服务研究的空白及不足。再次，针对文献和理论的不足，提出上述拟解决的关键性科学问题。最后，归纳通过本书的研究而实现的研究目标及研究意义。通过上述文献综述思路设计，可以更好地为本书创新及研究展开奠定了文献基础。

经济建模法是指在对客观经济现实进行归纳分析基础上形成抽象的变量，概括和总结变量之间的相互联系及基本规律，提出经济变量的基本假设，从而建立数学模型，并对模型进行求解及对结果进行解释的一种方法。本书为阐释在线个性化服务的接受者（客户）和提供者（企业与互补企业）之间内在的经济利益和影响关系，系统地揭示各利益体之间存在的管理意义，故而采用数学建模的方法。针对经济建模方面，首先，本书在文献综述和现有研究基础上，运用博弈论、信息经济学理论、行为决策理论、隐私计算理论等理论，提出本书所涉及的抽象变量。接着，归纳各变量之间的相互联系和基本规律，构建具有互补关系的在线个性化服务客户效用模型。其次，采用定性及定量分析相结合的方法，分别构建不同客户分类下在线个性化服务决策模型、不同定价方式下在线个性化服务决策模型、质量差异化在线个性化服务决策模型。再次，通过对决策模型进行分析，求解一阶、二阶条件，分别得到三种情境下企业的最优个性化服务提供策略。最后，针对所建立的理论模型，利用 Matlab、Maple16 等软件进行仿真，通过算例分析检验了所得结论，为企业提出重要的管理启示。

算例分析是根据经济模型中变量的假设条件，在变量的取值范围内，随机选取任意满足假设条件的数值，代入模型中进行实例检验。一方面可以检验模型的有效性；另一方面，对已得到结果进行验证，进而保证模型的有效性和可行性。本书采用算例分析方法，对三种电子商务情境下的模型和结果进行检验，并分析出关键参变量对最优服务策略和利润的影响。

1.5.3 研究结构安排

依据上述研究问题和研究思路，本书共分为 6 章，具体内容安排为：

第 1 章 绪论。本章首先介绍数字经济政策背景，互联网行业发展，在线个性化服务的价值，在线个性化服务运营管理中的核心决策问题，举例说明现有研究现状，归纳总结本书研究对象、关系及研究问题；在此基础上，详细界定本书所涉及的相关概念，具体包括：（1）在线个性化服务：在线个性化服务的内涵、过程、特性、提供方式、在线个性化服务水平；（2）互补关系：互补品、互补企业、互补度，两种个性化服务的界定及区别和联系。分析数字经济背景下研究在线个性化服务提供策略所存在的现实意义，提出本书拟解决的关键研究问题；接着给出本书的理论意义和实践意义。最后，归纳本书的研究思路、研究方法及章节安排，给出研究框架。

第 2 章 文献综述。结合上一章拟解决的关键问题，本章采用跨领域文献研究方法，从在线个性化服务及发展、客户价值和客户分类、客户偏好信息价值管理及产品或服务质量差异化四个方面对相关理论和文献进行梳理。在分析、归纳、评述现有研究的基础上，分析现有研究中存在的理论不足和欠缺，总结全章内容，提出本书研究的切入点。

第3章　不同客户分类下在线个性化服务提供策略研究。首先，提出模型假设条件，构建基于互补关系的个性化服务收益和客户偏好信息披露风险关注下的客户效用模型。接着分析客户的在线行为，提出三种客户分类，界定了三种服务策略，即基本服务提供策略、正效用服务提供策略及零效用服务提供策略。其次，构建三种服务提供策略下的决策模型，提出三种最优的服务提供策略，探讨三种服务策略的影响。再次，通过比较分析三种服务策略，给出了企业的最优决策。最后，采用算例研究，分别从信息边际价值、潜在客户分类和互补度三个方面对上述服务策略的影响进行验证和分析，并全面地总结本章研究内容。

第4章　不同定价方式下在线个性化服务提供策略研究。本章首先给出企业仅提供基本在线个性化服务的基准模型。接着分别构建固定费用定价和可变费用定价方式下，企业的在线个性化服务决策模型，提出企业最优的在线个性化服务提供策略和定价。其次，讨论并提出企业的最优决策。最后，通过算例研究验证并讨论上述结论，分析关键参变量的影响机理，并总结本章研究内容。

第5章　服务质量差异化的在线个性化服务提供策略研究。考虑到互补企业间提供个性化服务质量的差异性，首先构建基于个性化服务质量差异和产品差异的二维客户效用模型；其次分析两互补企业提供个性化服务的在线行为，构建三种情境下的服务提供决策模型，提出服务质量差异化的互补企业间最优的个性化服务提供策略；并分析服务质量和互补度对服务策略及利润的影响机理；算例分析验证服务提供策略的有效性。拓展研究垂直产品占优下的个性化服务提供策略及影响。最后，总结本章研究内容。

第 6 章　结论及展望。本章系统全面地总结本书的主要研究结论，提出本书的创新之处，讨论本书的研究局限，并指出下一步的研究方向。

本书的研究框架如图 1 – 2 所示。

2 文 献 综 述

在线个性化服务提供策略作为一种有效降低信息过载、简化客户决策过程和大幅度提升客户满意度的信息服务方略，受到国内外相关领域学者的广泛关注。基于上一章中提出的主要研究问题，本章分别从在线个性化服务及发展、客户价值和客户分类、客户偏好信息价值管理及产品或服务质量差异化下四个方面对相关理论和文献进行梳理和综述，形成本书的研究基础和切入点，发现现有研究存在的不足，进而明确本书研究问题的出发点。

2.1 在线个性化服务及其发展

在线个性化服务作为电子商务领域的一个重要研究分支，也在信息系统（information systems）、管理科学（management science）、市场营销（marketing）和信息技术（information technology）等领域取得了较快的发展。国内外学者采用理论梳理、理论分析、系统设计、定量研究等方法，从多个视角诠释了在线个性化服务的内涵、服务策略及方法，以及对企业绩效的影响机理。本节开始将围绕研究问题，主要从三个方面展开论述：（1）在线个性化服务概念及过程发展；（2）在线个性化服务研究专题；（3）在线个性化服务价值模型。

2.1.1　在线个性化服务发展

（1）在线个性化服务概念发展

个性化的理念是在正确的时间和正确的地点，为正确的客户提供正确的产品和服务。而关于在线个性化服务的定义，目前学术界还没有取得一致性的意见，主要围绕定制化（customization）、个体化（individualization）、分割（segmentation）、确定目标（targeting）、性能分析（profiling）、一对一营销（one-to-one marketing）等关键服务特点对这一概念内涵进行讨论和界定。派普斯和罗格斯（Peppers & Rogers，1997）[9]认为个性化是为一种产品或服务定制一些特征，以便为客户带来便利性、低成本或其他好处，并且个性化可由客户或者企业发起。里默尔和托茨（Riemer & Totz，2001）指出个性化通常是指一种客体的特性与另一主体的需求相匹配（如定制产品、服务、内容等），他们强调个性化与个体化同义。布鲁姆和默克（Blom & Monk，2003）提出个性化是一个过程，其将某一系统的功能、界面、信息量或特殊性转化为增加系统本身与个体之间的相关性。彻拉帕和辛（Chellappa & Sin，2005）认为个性化是基于个人及偏好信息，对产品和购买经历进行剪裁，以满足个体消费者的兴趣。因此，个性化取决于经销商获取和处理消费者信息的能力，以及消费者共享信息和使用个性化服务的意愿。霍（Ho，2006）认为个性化是一种基于个体用户偏好来提供相关内容的过程，以及通过追踪客户购买或使用习惯而暗中获取偏好信息的过程。塔姆和霍（Tam & Ho，2006）在前人研究基础上，将个性化分为三种类型：一是用户驱动个性化。即用户预先指定自身想要的网站设计和内容，这些设计和内容通过工具栏和选择窗口来与用户的兴趣和偏好相匹配。二是交易驱动个性化。即根据以往交易，在线商人提供个性化的设计和内容。三是情境驱动个性化。即基于用户实时处理目标的情境和推断，采用适应性机制为每一位个体用户提供个性化的内容和设计。奥罗拉等（Arora et al.，2008）强调个性化企业关于适合于个体消费者营销组合的决策，这种营销组合策略是建立在以往收集客户数据基础上的。库马尔（Kumar，2007）认为个性化是大规模定制的一种极端情况。从大规模定制到个性化转化取决于企业产品的柔性和电子化程度。马丁兹等（Frias - Martinz et al.，2009）指出个性化包括两种主要方法：适应性和自适应性。适应性使得用户适应内容布局以及导航支持他们的偏好。而自适应性使得用户自动适应。蒙特高马利和史密斯（Montgomery & Smith，2009）认为个性化是用户使用产品和服务信息的改编本，这些信息是从消费者行为或者交易中推导出来的。个性化相关定义汇总如表 2 - 1 所示。

表 2 - 1　　　　　　　　　　个性化及相似概念的定义

相关研究	定义
派普斯和罗格斯 （Peppers & Rogers，1997）[9]	个性化是为一种产品或服务定制一些特征，以便为客户带来便利性、低成本或其他好处。个性化可由客户或者企业发起
里默尔和托茨 （Riemer & Totz，2001）[10]	个性化通常是指一种客体的特性与另一个主体的需求相匹配（如定制产品、服务、内容等）。个性化与个体化同义
布鲁姆和默克 （Blom & Monk，2003）[11]	个性化是一个过程，其将某一系统的功能、界面、信息量或特殊性转化为增加系统本身与个体之间的相关性
彻拉帕和辛 （Chellappa & Sin，2005）[12]	个性化是基于个人及偏好信息，对产品和购买经历进行剪裁，以满足个体消费者的兴趣。因此，个性化取决于经销商获取和处理消费者信息的能力，以及消费者共享信息和使用个性化服务的意愿
霍（Ho，2006）[13]	个性化是一种基于个体用户偏好来提供相关内容的过程，以及通过追踪客户购买或使用习惯而暗中获取偏好信息的过程

相关研究	定义
塔姆和霍 (Tam & Ho, 2006)[14]	个性化包括三种类型：一是用户驱动个性化，即用户预先指定自身想要的网站设计和内容，这些设计和内容通过工具栏和选择窗口来与用户的兴趣和偏好相匹配。二是交易驱动个性化，即根据以往交易，在线商人提供个性化的设计和内容。三是情境驱动个性化，即基于用户实时处理目标的情境和推断，采用适应性机制为每一位个体用户提供个性化的内容和设计
奥罗拉等 (Arora et al., 2008)[15]	个性化企业关于适合于个体消费者营销组合的决策，这种营销组合策略是建立在以往收集客户数据基础上的
库马尔（Kumar, 2007）[16]	个性化是大规模定制的一种极端情况。从大规模定制到个性化转化取决于企业产品的柔性和电子化程度
马丁兹等 (Frias – Martinz et al., 2009)[17]	个性化包括两种主要方法：适应性和自适应性。适应性使得用户适应内容布局以及导航支持他们的偏好。而自适应性使得用户自动适应
蒙特高马利和史密斯 (Montgomery & Smith, 2009)[18]	个性化是用户使用产品和服务信息的改编本，这些信息是从消费者行为或者交易中推导出来的

注：主要根据苏尼卡和布拉吉（Sunikka & Bragge, 2012）[19]进行的改编。

综上所述，学术界从不同角度对个性化进行了定义，为探讨个性化服务的内涵提供了不同的切入点。基于现有个性化服务定义及结合数字经济背景，本书将在线个性化服务界定为是根据客户在线自主选择和设定来实现的信息服务，是基于客户线上多渠道互动及自主选择，获得并分析出客户偏好，进而向客户提供和推荐相关产品信息，以满足客户个性化需求的信息服务。

（2）在线个性化服务过程

为了清晰地认识个性化服务的提供和交付过程，学术界从不同角度提出了在线个性化服务的过程。派普斯和罗格斯（1997）[9]提出个性化服务过程包括四个方面：①识别潜在客户；②确定客户需求和对企业的终身价值；③与客户进行交互来熟悉客户；④为个人客户定制产品、服务和沟通方式。阿多马维西斯和图芝林（Adomavicius & Tuzhilin，2005）强调个性化服务是由三阶段组成的迭代过程：①理解客户；②传递或交付个性化的内容；③评价个性化的影响。韦萨内和拉马拉斯（Vesanen & Raulas，2006）认为个性化是一个过程，其包括：执行、以产品或服务的方式进行营销输出、促销、交流、定价、交付及为客户和营销者创造价值等几个方面。范和普勒（Fan & Poole，2006）指出个性化产生于作为隐性的系统与显性的客户之间。个性化对象包括内容、用户界面、功能和渠道。米赛利等（Miceli et al.，2007）提出个性化特征包括四个维度：①客户期望价值；②客户专业技能和熟悉网络工具的知识；③客户浏览网页的倾向；④客户与企业的关系强度。在线个性化服务过程研究成果汇总如表2-2所示。

表2-2　　　　　　　　　　　　在线个性化服务过程

相关研究	过程或框架
派普斯和罗格斯（1997）[9]	个性化服务过程包括四个方面：（1）识别潜在客户；（2）确定客户需求和对企业的终身价值；（3）与客户进行交互来熟悉客户；（4）为个人客户定制产品、服务和沟通方式
阿多马维西斯和图芝林（2005）[3]	个性化服务是由三阶段组成的迭代过程：（1）理解客户；（2）传递或交付个性化的内容；（3）评价个性化的影响
韦萨内和拉马拉斯（2006）[20]	个性化是一个过程，其包括：执行、以产品或服务的方式进行营销输出、促销、交流、定价、交付及为客户和营销者创造价值等几个方面
范和普勒（2006）[21]	个性化产生于作为隐性的系统与显性的客户之间。个性化对象包括内容、用户界面、功能和渠道
米赛利等（2007）[22]	个性化特征包括四个维度：（1）客户期望价值；（2）客户专业技能和熟悉网络工具的知识；（3）客户浏览网页的倾向；（4）客户与企业的关系强度

2.1.2 在线个性化服务研究专题

在线个性化服务文献主要围绕三个专题展开研究，即在线服务需求获取及识别、在线信息服务传递方法及系统、在线信息服务模式及策略。

（1）在线服务需求获取及识别

现有研究从在线个性化服务需求获取及识别角度展开广泛研究，已有文献分别针对网站个性化、网络购物和用户社区等背景，采用实证或实验方法研究了在线服务需求获取与识别，例如：霍（2012）[23]研究了位置个性化对客户使用移动服务意愿的影响。王和李（Wang & Li，2013）[24]测试了定制化工具箱和用户社区在企业推行个性化中的调节作用。葛雷扎伊等（Golrezaei et al.，2014）[25]研究了使每一个到达客户的产品分类个性化问题。派克（Park，2014）[26]采用转换成本和满意度两个因子研究了社交网站中个性化对用户保持的影响，通过实证分析发现个性化同时增加了转换成本和客户满意度。本利安（Benlian，2015）[27]将用户偏好匹配和感知乐趣作为两个关键的感应变量引入一个研究模型，采用实验研究来探讨用户浏览网页和在线购物过程中个性化提示内容和设计的不同影响。考奇和本利安（Koch & Benlian，2015）[28]考虑了传统促销策略中关于消费者推荐决策影响的匮乏性，分析了稀缺性和个性化两种经典促销特性的影响机理。研究发现对于促销公司而言同时采用这两种促销方法可以达到一个平衡。李（Li，2016）[29]针对现有研究中关于个性化影响测试的模糊性，采用三个实验，测试了基于信息发送者真实个性化过程的个性化影响。奥伯罗伊等（Oberoi et al.，2017）[30]研究了网页个性化和社会媒体营销中技术外包的影响，研究发现对采用网页个性化组合技术外包策略的电子零售商来说，具有更高的销售量。黄

（Huang，2018）[31]针对个性化的横幅广告中内容构成和断字位置如何影响网络消费者的视觉注意力。具体研究成果见表2-3。

表2-3　　　　　　　　在线服务需求获取与识别相关研究

相关研究	研究方法	研究背景	研究内容及结论
霍（2012）[23]	实证研究	移动商务	研究了位置个性化对客户使用移动服务意愿的影响
王和李（2013）[24]	实证研究	用户社区	测试了定制化工具箱和用户社区在企业推行个性化中的调节作用
葛雷扎伊等（2014）[25]	实证研究	在线零售	研究了使每一个到达客户的产品分类个性化问题
派克（2014）[26]	实证研究	社交网站	采用转换成本和满意度两个因子研究了社交网站中个性化对用户保持的影响，通过实证分析发现个性化同时增加了转换成本和客户满意度
本利安（2015）[27]	实验研究	在线购物	将用户偏好匹配和感知乐趣作为两个关键的感应变量引入一个研究模型，采用实验研究来探讨用户浏览网页和在线购物过程中个性化提示内容和设计的不同影响
考奇和本利安（2015）[28]	实证研究	网络促销	考虑了传统促销策略中关于消费者推荐决策影响的匮乏性，分析了稀缺性和个性化两种经典促销特性的影响机理。研究发现对于促销公司而言同时采用这两种促销方法可以达到一个平衡
李（2016）[29]	实验研究	在线信息传递	针对现有研究中关于个性化影响测试的模糊性，采用三个实验，测试了基于信息发送者真实个性化过程的个性化影响
奥伯罗伊等（2017）[30]	实证研究	网页个性化	研究了网页个性化和社会媒体营销中技术外包的影响，研究发现对采用网页个性化组合技术外包策略的电子零售商来说，具有更高的销售量

续表

相关研究	研究方法	研究背景	研究内容及结论
黄（2018）[31]	实证研究	在线横幅广告	针对个性化的横幅广告中内容构成和断字位置如何影响网络消费者的视觉注意力

此外，在线服务需求获取与识别过程中，经常会面临信息过载及协同推荐的问题，学术界对此也展开了广泛的研究。已有文献分别采用实验或实证方法，从网络购物、网站个性化等视角研究了个性化影响，例如：刘（Liu et al.，2010）[32]认为企业在线提供个性化服务面临两方面的问题：一是为客户推送最优的个性化版本，但由于计算量的问题会出现延迟；二是为用户提供次优版本，这样速度提升很快。基于此，考虑个性化的背景下，研究了集中确定性资源配置政策。霍等（2011）[33]提出网络个性化使得在线商人定制网络内容来满足个体客户的需求，采用数据挖掘和点击流分析技术，捕获在线客户的实时偏好，研究了在线个性化服务推送过程中的时序问题，以及对在线客户行为的影响。张（Zhang，2011）[34]指出在竞争市场中存在两种基于行为个性化的风险，即购买历史数据破坏了差异化和内生的产品设计，研究了在可供选择的市场条件下，基于行为个性化的风险如何变化。戈沙尔等（Ghoshal et al.，2015）[35]构建了一个客户策略行为模型，客户从两个竞争公司重复购买产品，一个企业提供个性化推荐系统，另一个则没有提供。研究发现，推荐系统不仅会影响个性化企业的价格和利润，而且非个性化企业的价格和利润也会受到影响。布雷尔和艾森拜斯（Bleier & Eisenbeiss et al.，2015）[36]提出了一个广告个性化的二维概念模型，研究了信任关于广告个性化对消费者内外部相应的调节作用。萨洛内和卡加洛多（Salonen & Karjaluoto，2016）[37]分析了20种营销和信息系统领域的顶级期刊，综述了近10年中有关网站个性化的文献，讨论了现有研究的焦点、空白，提出了未来的研究

方向。皮科里等（Piccoli et al.，2017）[38]研究了服务个性化、客户服务认知对酒店绩效的影响。安沙里等（Anshari et al.，2018）[39]指出由于数据的出现，使得支持营销、服务及客户服务的个性化和定制化CRM策略发生变化，研究了CRM情境下大数据的影响。王等（2018）[40]综合分析了现有文献中关于隐私保护的个性化推荐服务，提出了个性化推荐系统的一般性架构。具体研究成果如表2-4所示。

表2-4 信息过载及协同推荐相关研究

相关研究	研究方法	研究背景	研究内容及结论
刘等（2010）[32]	实证研究	个性化版本	企业在线提供个性化服务面临两方面的问题：一是为客户推送最优的个性化版本，但由于计算量的问题会出现延迟；二是为用户提供次优版本，这样速度提升很快。基于此，考虑个性化的背景下，研究了集中确定性资源配置政策
霍等（2011）[33]	数学建模	网络个性化	网络个性化使得在线商人定制网络内容来满足个体客户的需求，采用数据挖掘和点击流分析技术，捕获在线客户的实时偏好，研究了在线个性化服务推送过程中的时序问题，以及对在线客户行为的影响
张（2011）[34]	经济建模	行为个性化	指出在竞争市场中存在两种基于行为个性化的风险，即购买历史数据破坏了差异化和内生的产品设计，研究了在可供选择的市场条件下，基于行为个性化的风险如何变化
戈沙尔等（2015）[35]	数学模型	在线购物	构建了一个客户策略行为模型，客户从两个竞争公司重复购买产品，一个企业提供个性化推荐系统，另一个则没有提供。研究发现，推荐系统不仅会影响个性化企业的价格和利润，而且非个性化企业的价格和利润也会受到影响
布雷尔和艾森拜斯（2015）[36]	实证研究	广告个性化	提出了一个广告个性化的二维概念模型，研究了信任关于广告个性化对消费者内外部相应的调节作用

相关研究	研究方法	研究背景	研究内容及结论
萨洛内和卡加洛多 (2016)[37]	文献综述	网站个性化	分析了 20 种营销和信息系统领域的顶级期刊，综述了近 10 年中有关网站个性化的文献，讨论了现有研究的焦点、空白，提出了未来的研究方向
皮科里等 (2017)[38]	实证研究	服务个性化	研究了服务个性化、客户服务认知对酒店绩效的影响
安沙里等 (2018)[39]	实证研究	CRM	数据的出现，使得支持营销、服务及客户服务的个性化和定制化 CRM 策略发生变化，研究了 CRM 情境下大数据的影响
王等（2018）[40]	文献综述	个性化推荐	综合分析了现有文献中关于隐私保护的个性化推荐服务，提出了个性化推荐系统的一般性架构

（2）在线信息服务传递方法及系统

大量研究深入研究了在线信息服务传递方法，现有文献主要基于电子商务等背景，研究了个性化服务方法。例如：古尔曼等（Guelman et al.，2015）[41]提出了一种施行最优个性化营销干预的决策支持框架。凯普顿和帕维内（Kaptein & Parvinen，2015）[42]提出了一个用以构建在线个性化知识的过程框架，该框架可为学术研究和实践应用提供有力的支持。该框架预期可帮助研究者和实践者理解现有电子商务个性化研究，还可开发新个性化方法。沙弗克等（Shafiq et al.，2015）[43]针对现有网页搜索办法中如何让个体用户快速找到偏好匹配的信息问题，提出了一种基于客户偏好的个性化网页搜索独特方法。加里多等（Garrido et al.，2016）[44]利用 AI 计划技术提出了一种通用和有效的方法来支持电子学习个性化，该方法可以削减原始和新路径之间的差异，提供电子学习过程。张等（2016）[45]提出了一种新的基于预测不确定性排名方法，采用试验研究方法测试了方法的适用性。特安（Tran，2017）[46]针对 facebook 中个性化广告的影响，提出了基于客户态度和行为反应的感知个性化广告影响的综合模型，同时利用在线调查数据对假设关系进行了测试，提出了基于个性化广告个人评论的客户分类方法。高晶等（2017）[47]构建了旅游移动电子商务个性化服务的概念模型，提出了个性化服务的基本流程、服务内容和实施路径，已达到促进旅游移动电子商务发展的目的。朱等（Zhu et al.，2017）[48]提出了一种多属性效用理论的关于个性化中隐私的效用模型，据此分析了消费者决策的影响。张等（2018）[49]提出了一种新的个性化餐馆推荐方法，该方法整合了团体相关性和客户偏好。具体研究成果如表 2 - 5 所示。

表 2 - 5　　　　　在线信息服务传递方法相关研究

相关研究	研究方法	研究背景	研究内容及结论
古尔曼等（2015）[41]	文献综述	个性化医疗	提出了一种施行最优个性化营销干预的决策支持框架
凯普顿和帕维内（2015）[42]	文献综述	电子商务	提出了一个用以构建在线个性化知识的过程框架，该框架可为学术研究和实践应用提供有力的支持。该框架预期可帮助研究者和实践者理解现有电子商务个性化研究，还可开发新个性化方法
沙弗克等（2015）[43]	方法设计	网页搜索	针对现有网页搜索办法中如何让个体用户快速找到偏好匹配的信息问题，提出了一种基于客户偏好的个性化网页搜索独特方法
加里多等（2016）[44]	方法设计	电子学习	利用 AI 计划技术提出了一种通用和有效的方法来支持电子学习个性化，该方法可以削减原始和新路径之间的差异，提供电子学习过程
张等（2016）[45]	实验研究	电子商务	提出了一种新的基于预测不确定性排名方法，采用试验研究方法测试了方法的适用性

续表

相关研究	研究方法	研究背景	研究内容及结论
特安（2017）[46]	实证研究	个性化广告	针对 facebook 中个性化广告的影响，提出了基于客户态度和行为反应的感知个性化广告影响的综合模型，同时利用在线调查数据对假设关系进行了测试，提出了基于个性化广告个人评论的客户分类方法
高晶等（2017）[47]	实证研究	电子商务	构建了旅游移动电子商务个性化服务的概念模型，提出了个性化服务的基本流程、服务内容和实施路径，已达到促进旅游移动电子商务发展的目的
朱等（2017）[48]	数学模型	电子商务	提出了一种多属性效用理论的关于个性化中隐私的效用模型，据此分析了消费者决策的影响
张等（2018）[49]	方法设计	电子商务	提出了一种新的个性化餐馆推荐方法，该方法整合了团体相关性和客户偏好

另外一些学者主要基于电子商务、个性化网页、用户社区以及网络服务等现实背景，对个性化服务系统设计展开深入研究，例如：费南德斯等（Blanco – Fernández et al.，2011）[50]提出了一种播放用户自生成视听内容和基于推理个性化的系统，该系统可以解决用户对自己视听内容的交换和共享的集中需求。罗萨希和沙尔尼（Rosaci & Sarne，2014）[51]构建了一个设计广告和在线支付的多代理贸易商系统，该系统支持各种 B2C 电子商务行为，帮助客人和商人在线互动，同时该系统的电子支付模型可以有效地避免交换敏感信息，增强客户与商人之间的信任关系。吴法恒（2015）[52]针对目前物流公共信息平台功能单一、信息冗余等问题，研究了物流业务信息的个性化服务技术，并设计开发了基于 B/S 的个性化服务系统架构及系统原型。弗洛里等（Flory et al.，2017）[53]提出了一种新的网页个性化决策支持系统来满足客户需求，并采用实验方法对假设条件进行测试。李和

波鲁西罗夫斯基（Lee & Brusilovsky，2017）[54]探究了针对用户社区会员作为一种个性化推荐资源的可行性和价值，提出了利用社区会员信息的推荐方法，并且评价了这些推荐方法的质量。刘等（2018）[55]提出了一种新的协同成对排序学习的个性化推荐算法。邱等（Qiu et al.，2018）[56]在网络服务系统中采用两种典型的行为作为增强推荐效果的辅助性反馈，据此提出了一种基于异质隐式反馈的贝叶斯个性化排名方法。具体研究成果如表 2 - 6 所示。

表 2 - 6　　　　　　　　在线信息服务系统相关研究

相关研究	研究方法	研究背景	研究内容及结论
费南德斯等（2011）[50]	系统设计	个性化网站	提出了一种播放用户自生成视听内容和基于推理个性化的系统，该系统可以解决用户对自己视听内容的交换和共享的集中需求
罗萨希和沙尔尼（2014）[51]	系统设计	电子商务	构建了一个设计广告和在线支付的多代理贸易商系统，该系统支持各种B2C电子商务行为，帮助客人和商人在线互动，同时该系统的电子支付模型可以有效地避免交换敏感信息，增强客户与商人之间的信任关系
吴法恒（2015）[52]	系统设计	物流业务网站	针对目前物流公共信息平台功能单一、信息冗余等问题，研究了物流业务信息的个性化服务技术，并设计开发了基于 B/S 的个性化服务系统架构及系统原型
弗洛里等（2017）[53]	系统设计	网页个性化	提出了一种新的网页个性化决策支持系统来满足客户需求，并采用实验方法对假设条件进行测试
李和波鲁西罗夫斯基（2017）[54]	系统设计	用户社区	探究了针对用户社区会员作为一种个性化推荐资源的可行性和价值，提出了利用社区会员信息的推荐方法，并且评价了这些推荐方法的质量

续表

相关研究	研究方法	研究背景	研究内容及结论
刘等（2018）[55]	系统设计	学习个性化	提出了一种新的协同成对排序学习的个性化推荐算法
邱等（2018）[56]	系统设计	网络服务	在网络服务系统中采用两种典型的行为作为增强推荐效果的辅助性反馈，据此提出了一种基于异质隐式反馈的贝叶斯个性化排名方法

（3）在线信息服务模式及策略

学术界主要采用实证分析和数据挖掘方法，针对旅游、餐饮、物流、酒店等行业，对在线信息服务模式也进行了深入的探讨。例如：李凯和王晓文（2011）[57]探讨了消费者隐私关注对旅游网站个性化服务的影响机理。武海琳（2011）[58]针对目前我国餐饮行业个性化服务需求的现状，采用跨学科研究方法从不同角度和不同层次探讨了个性化经营的两类模式。苏尼卡和布拉吉（Sunikka & Bragge，2012）[19]采用数据挖掘方法综述了现有个性化和定制化的研究，旨在揭示这两个研究方向的主要特征。雷鸣（2013）[59]针对如何提高和评价第三方物流企业的个性化服务质量问题，采用实证方法研究了影响第三方物流企业个性化服务质量的关键指标因素，提出了提高个性化服务质量的对策建议。郝静（2016）[60]在分析第三方物流个性化服务内涵及特征基础上，提出了第三方物流企业个性化服务对策建议。李超（2016）[61]以酒店行业为背景，以顾客感知价值作为中介变量，探讨了个性化服务质量对顾客忠诚的影响作用，在分析它们之间内在作用机制的基础上，给出了提升酒店个性化服务质量的建议与对策。卡莱格那纳姆等（Kalaignanam et al.，2018）[62]实证研究了网站个性化如何为网络零售商创造价值。具体研究成果如表2-7所示。

表 2 - 7   在线信息服务模式及策略相关研究

相关研究	研究方法	研究背景	研究内容及结论
李凯和王晓文 (2011)[57]	实证研究	旅游网站	探讨了消费者隐私关注对旅游网站个性化服务的影响机理
武海琳 (2011)[58]	文献综述	餐饮服务	针对目前我国餐饮行业个性化服务需求的现状，采用跨学科研究方法从不同角度和不同层次探讨了个性化经营的两类模式
苏尼卡和布拉吉 (2012)[19]	数据挖掘和文献综述	个性化与定制化	采用数据挖掘方法综述了现有个性化和定制化的研究，旨在揭示这两个研究方向的主要特征
雷鸣 (2013)[59]	实证研究	第三方物流	针对如何提高和评价第三方物流企业的个性化服务质量问题，采用实证方法研究了影响第三方物流企业个性化服务质量的关键指标因素，提出了提高个性化服务质量的对策建议
郝静 (2016)[60]	实证研究	第三方物流	在分析第三方物流个性化服务内涵及特征基础上，提出了第三方物流企业个性化服务对策建议
李超 (2016)[61]	实证研究	酒店服务质量	以酒店行业为背景，以顾客感知价值作为中介变量，探讨了个性化服务质量对顾客忠诚的影响作用，在分析它们之间内在作用机制的基础上，给出了提升酒店个性化服务质量的建议与对策
卡莱格那纳姆等 (2018)[62]	实证研究	网站个性化	采用实证方法研究了网站个性化如何为网络零售商创造价值

　　另外一些学者采用数理建模、实证研究等方法，针对门户网站、电子商务、供应链等领域，对在线个性化服务策略从不同视角进行了深入研究，例如彻拉帕和史文杜（Chellappa & Shivendu，2006）[63]构建了一个广告商和门户网站之间契约模型，旨在探讨消费者隐私关注下在线个性化服务策略。权等（Kwon et al.，2010）[64]针对电子服务

领域不同个性化维度对客户保持的影响，采用实证方法调查了每一个
经典个性化策略的影响，并提出了个性化维度高度推荐组合策略。彻
拉帕和史文杜（2010）[1]应用机制设计理论研究了经销商提供个性化服
务的策略。提鲁玛拉那和辛哈（Thirumalai & Sinha，2013）[65]指出个
性化不断地被认为是企业获得竞争优势的源泉，研究了在线零售商在
两步网上购物过程中是否应该选择技术辅助个性化策略。施星君
（2016）[66]运用 Kanon 模型对旅游电子商务中个性化服务项目进行甄
选，确定服务需求项和优先级，旨在制定个性化服务策略和提升服务
水平。吕等（Lv et al.，2017）[5]构建了一个垂直产品差异化和水平
服务差异化二维模型，研究了企业间提供个性化服务的质量对企业利
润和价格的影响，并且分析了不同情境下企业的最优策略及均衡条
件。具体研究成果如表 2 - 8 所示。

表 2 - 8　　　　　　　　在线个性化服务策略相关研究

相关研究	研究方法	研究背景	研究内容及结论
彻拉帕等（2006）[63]	经济建模	广告商与门户网站	构建了一个广告商和门户网站之间契约模型，旨在探讨消费者隐私关注下在线个性化服务策略
权等（2010）[64]	实证研究	电子服务	针对电子服务领域不同个性化维度对客户保持的影响，采用实证方法调查了每一个经典个性化策略的影响，并提出了个性化维度高度推荐组合策略
彻拉帕等（2010）[1]	经济建模	网页个性化	应用机制设计理论研究了经销商提供个性化服务的策略
提鲁玛拉那和辛哈（2013）[65]	经济建模	供应链	个性化不断地被认为是企业获得竞争优势的源泉，研究了在线零售商在两步网上购物过程中是否应该选择技术辅助个性化策略

相关研究	研究方法	研究背景	研究内容及结论
施星君（2016）[66]	数学模型	旅游电子商务	运用 Kanon 模型对旅游电子商务中个性化服务项目进行甄选，确定服务需求项和优先级，旨在制定个性化服务策略和提升服务水平
吕等（2017）[5]	经济建模	网站个性化	构建了一个垂直产品差异化和水平服务差异化二维模型，研究了企业间提供个性化服务的质量对企业利润和价格的影响，并且分析了不同情境下企业的最优策略及均衡条件

这些研究从不同研究领域和不同研究视角，对在线个性化服务的模式和策略进行了深入研究，这也为本书后续研究奠定了研究基础。目前企业在制定在线个性化服务决策时，缺乏管理方法支持、理论支撑和技术指导，严重滞后于企业管理实践需求。在线个性化服务的理论研究严重滞后于企业管理实践，在线个性化服务提供策略作为一个崭新的研究课题，理论研究仍处于探索阶段，不能很好地指导和解决上述企业管理实践中存在的亟待解决的问题。

综上所述，基于客户价值理论，以及结合在线个性化服务背景，现有文献主要围绕在线服务需求获取及识别、在线信息服务传递方法及系统、在线信息服务模式及策略三个专题展开研究。国外研究相对较多，而国内研究主要参考和借鉴国外研究的成果。随着电子商务和信息技术的不断发展，客户需求也呈现出多元化的趋势，在线个性化服务提供过程也暴露出复杂性、动态性及系统性等特征。

突出表现为：客户价值目标驱动的需求具有多维互补及相互关联性，因此在线个性化服务提供必须顺应和理解日益凸显互补特征与服务提供方略之间的影响机理，及时优化和调整。已有理论研究对于揭示这种多维互补及关联性需求对在线个性化服务的提供策略和作用机理研究较为鲜见。另一个被忽略的管理决策，即对于互补企业间如何展开在线个性化服务合作，如何通过差异化的在线个性化服务来获得竞争优势，由于理论研究的缺乏，无法揭示互补企业间在线个性化服务的作用机理和影响。由此可见，在线个性化服务的理论研究严重滞后于企业管理实践，因此迫切需要从互补企业间在线个性化服务合作与竞争展开理论分析和研究，为互联网企业实施在线个性化服务策略奠定理论支撑和技术指导。

2.1.3 在线个性化服务策略与价值模型

在线个性化服务作为一种特殊的信息服务，通过网络与客户进行在线互动，从而实现个性化服务与客户偏好信息之间的交换。在这种服务与信息交互过程中，存在两个基本阶段：一是通过设计面向客户的个性化交互性选择系统，目的是准确获取客户偏好信息；二是通过对已获得的客户偏好信息进行分析和处理，进而为客户提供个性化的产品和服务。在这两阶段的个性化服务提供过程中，前者存在个性化交互性选择系统的设计、策略、方法及方案等问题，而后者则存在提供个性化产品和服务的设计、策略、方法及方案等问题。本节聚焦于第一阶段个性化交互性选择系统，展开对在线个性化服务提供策略的制定和设计。因此，根据客户需求和在线个性化服务特性，制定恰当的个性化服务提供方案和方法，从而最大限度地实现获取客户偏好信息目的，显得至关重要。

已有研究针对在线个性化服务提供策略展开了探索性研究，并取得了一定的研究成果。穆希和萨卡（Murthi & Sarkar，2003）[2]采用一种跨领域的研究方法，综述了经济、营销、IT、运作研究领域中相关在线个性化文献，在此基础上提出了一种在线个性化增强价值网络模型（见图 2-1），该模型用于揭示企业和关键参与主体之间的关系，并指出在交互过程中在线个性化所起的战略性作用。

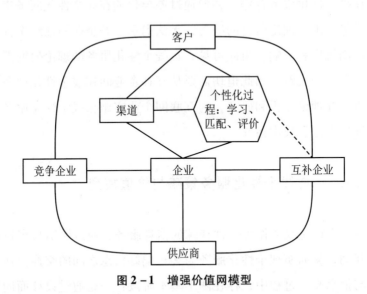

图 2 - 1 增强价值网模型

资料来源：Murthi B P S and Sarkar S. The Role of the Management Sciences in Research on Personalization. Management Science，2003，49（10）：1344 - 1362.

从上述增强价值网模型可以看出，在垂直方向上企业与客户（customers）及供应商（suppliers）之间相互作用，而在水平方向上则与竞争者（competitors）和互补者（complementors）之间相互影响。值得注意的是，企业产品和服务通过渠道（channels）或中间商（intermediaries）从企业流向客户，因而交易发生在垂直方向上。相反地，通过使用企业提供的在线个性化服务，客户偏好信息则由客户流向企业。因此，为揭示企业个性化服务策略的战略性意义，研究人员和实践管理人员有必要研究企业与其关键参与者之间的作用及影响机理。

在增强价值网模型指导下，现有研究从垂直方向上探讨了个性化服务对企业和客户的影响。例如：彻拉帕和辛（2005）[12]采用实证方法研究了隐私关注下，客户使用在线企业提供的个性化服务，是否会影响企业对在线个性化的投资。彻拉帕和史文杜（2006）[63]构建了一个广告商和门户网站之间的契约模型，旨在探讨客户隐私关注下的个性化服务策略。彻拉帕和史文杜（2007）[4]构建了一个个性化服务与隐私关注的经济学模型，通过分析一个垄断商与两种客户之间的战略互动，分析了政府监管机制的优劣性。彻拉帕和史文杜（2010）[1]指出了在线个性化服务作为一种特殊的经济商品，具有非自由处置的特性，在客户隐私关注下，构建了固定水平个性化、变动水平个性化服务及优惠券的契约模型。

现有研究从水平方向上探讨了个性化服务对企业和客户的交互影响。例如：瓦塔尔（Wattal et al.，2009）[67]利用博弈论构建了一个二维模型，研究了企业的信息个性化与不同维度产品差异化之间的相互影响。研究发现当企业采用个性化时，不同市场结构会导致不同道均衡结果。此外，企业通过提高或降低自身个性化的投资来应对竞争者的个性化。吕等（2017）[5]将上述单一维度的在线个性化服务拓展至二维，构建了一个垂直产品差异化和水平服务差异化二维模型，研究了互补企业间提供个性化服务的质量对企业利润和价格的影响，并且分析了不同情境下企业的最优策略及均衡条件。

综上所述，在线个性化服务提供策略作为一个崭新的研究课题，理论研究仍处于探索阶段。从增强价值网模型可以看出，现有个性化研究大多还停留在垂直方向上企业与客户之间，以及水平方向上企业与竞争企业之间个性化服务的策略制定和关系影响上，还未曾深入到互补企业之间，理论研究具有一定的局限性。在数字经济背景下，从客户互补性需求入手，有必要将企业、互补企业及客户纳入同一分析体系，探讨三个利益主体之间的个性化服务提供策略，对企业实施互补个性服务战略来获得竞争优势，具有十分重要的理论价值和实践指导意义。

2.2 客户价值与客户分类相关研究综述

2.2.1 客户价值内涵

所谓客户价值（customer value），就是客户在购买和使用某一产品或服务的整个过程中所获得的效用与所付出的成本的比较[68]。已有文献分别从企业、客户、企业与客户三个视角展开对客户价值的研究，包括：（1）企业为客户提供的价值，即从客户的视角来感知企业提供的产品和服务的价值；（2）客户为企业创造的价值，即从企业的视角出发，根据客户行为和消费特征等变量测度出客户为企业创造的价值；（3）客户价值交换，即企业和客户互为价值感受主体和价值感受客体[69,70]。

在数字经济背景下，企业提供在线个性化服务，目的是获取客户偏好信息。而对于客户而言，则是用个人偏好信息来交换在线个性化服务，以最大限度地满足个人浏览或购物需求。客户在选择使用企业提供的在线个性化服务过程中，不得不审视所获得的服务收益与个人偏好信息披露风险之间的均衡。

隐私计算理论（privacy calculus theory）认为客户披露个人信息的意愿是建立在风险和收益分析的基础之上的。在参与在线互动过程中，客户通常会权衡或比较个人感知风险和预期收益，进而披露个人信息[71]。

（1）客户预期收益

在个性化服务环境下，预期收益（anticipated benefits）也称为期望收益，是指如果没有意外情况发生时，客户使用在线个性化服务所预测能得到的服务收益[71]。

学术界从不同领域和不同视角研究了客户或企业的预期收益问题。例如：针对拍卖市场中，投标人信息不对称问题，坎蒂龙（Cantillon，2008）[72]定义了一种自然基准拍卖环境，研究发现基准拍卖的预期收益明显占优于不对称拍卖。罗等（Roh et al.，2009）[73]针对使用无线射频识别类型，提出了一种分类方法，用于分析使用无线射频识别的规模和范围与期望收益的关系。帕拉松和波莱斯特（Palazon & Delgado – Ballester，2011）[74]针对价格折扣和赠品，研究了交易倾向客户响应取决于期望收益的水平。波恩考普特（Boncompte，2018）研究了在不可重复决策时完全信息的预期收益问题。

（2）客户感知风险

感知风险（perceived risks）是鲍尔（Bauer，1960）从心理学延伸出来的。在个性化服务背景下，客户在选择和使用这些个性化服务时存在对行为结果的不确定性，这种不确定性就是指感知风险[71]。但在数字经济背景下，客户的感知风险不仅表现为隐私关注（privacy concerns）问题，还存在其他不确定因素，如在用户不知情的状况下收集和利用信息，在未经同意的情况下推送信息和服务，个人数据信息被随意共享和交易，个人数据信息的被动入侵等风险存在[75,76]。

现有文献针对客户在线行为，从不同领域和不同行业研究了客户的感知风险问题。例如：林（Lin，2008）[77]整合了我国台湾旅行社的内外部线索，提出了一种消费者感知风险模型。皮拉尔等（Alcántara – Pilar et al.，2013）[78]采用跨文化分析方法研究了当用户浏览网页时，在线感知风险是否会受语言的影响。尼波穆赛诺等（Nepomuceno et al.，2014）[79]研究了产品无形性、品牌熟悉度、产品知识、隐私关注、安全关注交互影响下，如何削减网购中的客户感知风险。孙（Sun，2014）[80]针对酒店服务，研究了消费者风险感知的决定因素和后果。洪（Hong，2015）[81]实证分析了产品涉入、感知风险和信任预期对消费者选择的影响。马丁等（Martin et al.，2015）[82]实证研究了客户认知和情感经历对网购满意度、重购意向、感知风险、信任的影响。卡希第和怀默（Casidy & Wymer，2016）[83]实证研究了感知风险对客户满意度、忠诚度及溢价支付意愿之间关系的调节作用。郑和王（Tseng & Wang，2016）[84]实证探讨了旅游网站中客户感知风险如何影响个人信息采纳过程。霍等（2017）[85]针对采用云技术的用户信任意图问题，研究了客户感知风险和主管规范之间的因果效应。

（3）客户预期收益和感知风险并存

学术界从不同领域和不同视角研究了客户预期收益和感知风险并存的影响。例如：在电子市场中，饶等（Subba Rao et al.，2007）[86]实证研究了客户感知风险和期望收益如何影响其效用。常和郑（Chang & Tseng，2013）[87]研究了感知风险如何影响消费者在线购买意愿，以及感知风险作为一个激励因素，其削弱了期望价值的作用。罗马赫等（Rouibah et al.，2016）[88]以阿拉伯国家为例，实证研究了三个内生变量（即期望收益、感知风险及客户信任）对客户使用在线支付系统意愿的影响。张等（2016）[89]实证研究了风险感知和期望收益作为中介变量，对青少年寻求刺激和冒险行为的影响。拉古赛奥（Raguseo，2018）[90]评价了企业使用大数据技术过程中信息收益和风险的应用水平。

此外，学术界从客户隐私关注角度，研究了客户在线行为的感知风险和在线服务收益问题。例如：彻拉帕和辛（2005）[12]采用实证方法研究了隐私关注下，消费者使用在线企业提供的个性化服务，是否会影响企业对在线个性化的投资。彻拉帕等（2006，2007，2010）[1,4,63]研究了隐私关注下个性化服务的策略及影响问题。金和李（Kim & Lee，2009）[91]研究了消费者信息隐私关注下，企业收集和使用基于网络个性化的消费者信息的影响。许等（Xu et al.，

2011)[92]拓展了隐私积分模型，研究了位置感知营销领域个性化服务与隐私关注的悖论。郭等（Guo et al.，2016)[93]构建了一个属性—感知—意愿模型，将隐私与个性化悖论作为独立变量，探讨了其对移动医疗服务接受意愿的影响机理。

综上所述，现有研究分别从客户预期收益、客户感知风险及客户预期收益和感知风险并存三个方面展开对客户在线价值的研究。虽然已有研究取得一定的研究成果，但在个性化环境下，从个性化服务与客户偏好信息交换的视角去研究客户价值还很欠缺。因此，有必要从客户在线服务的预期收益和信息披露的感知风险并存情形下，深入研究客户的在线价值和行为，从而为企业制定个性化服务决策提供理论支持。

2.2.2　客户隐私披露

在平台监管中，辨识客户隐私披露行为意愿是需要首先解决的问题：一方面，客户是否愿意参与平台交互，在与平台交互过程中，是哪些行为因素影响其交互意愿；另一方面，当客户参与到平台交互中，客户为获得平台提供数字服务的便捷性和兴趣，是否愿意将个人的隐私信息披露给平台，哪些因素影响隐私保护，哪些技术手段和方法可以有效保护客户隐私信息。为更好地揭示客户在线交互行为，必须辨明在线个性化服务与客户隐私披露之间的内在关联，有必要对当前客户隐私披露相关研究进行系统综述。现有文献主要集中在隐私关注、隐私保护策略、隐私保护方法、隐私保护技术及数字服务与客户隐私信息交互等方面。

（1）考虑隐私关注方面

崔和兰德（Choi & Land)[94]在信息隐私背景下对一般隐私关注和交易隐私关注交互影响形成一种更好的理解，并阐明其控制作用，进而用 facebook App 数据对研究模型进行了测试。在隐私威胁背景下，郑和朴（Jung & Park）[95]研究了认知因素、情感反应、应对行为的关联作用。卡希克、加因和辛格（Kaushik，Kumar Jain & Kumar Singh）[96]分析了隐私倾向和披露的主观规范的影响，以及网站中个人隐私关注的社会表现，研究发现网站效用具有调节作用，能削弱网站隐私关注对行为意愿的负面影响。阿尼克、斯卡尔和米拉考维克（Anic，Škare & Kursan Milaković）[97]提出一个模型，其将个人因素和政府监管对在线隐私关注紧密联系起来，研究了隐私威胁下的消费者响应，研究发现受访者更倾向于控制个人信息，而政府在线监管被认为较弱，而且能激发消费者隐私关注。杨嫚和温秀妍[98]实证分析了隐私关注、隐私保护自我效能感、隐私保护意愿与精准广告回避之间的作用机理。基于对 facebook 用户的实地调查，阿亚布里和特里库（Ayaburi & Treku）[99]研究了组织诚信如何有助于削弱个人隐私关注，尽管这样会增加或者修复个人对组织的信任。

为应对移动用户信息隐私关注的挑战，德吉门希（Degirmenci）[100]分析了 App 允许请求的作用，比较了过往隐私关注的影响，如隐私经历、计算机焦虑、感知控制等因素，研究发现这些因素对消费者隐私关注具有重要影响。针对旅游便利化中收集和使用客户生物学和行为信息而引发的隐私关注问题，伊安诺、图赛亚迪赫和陆（Ioannou，Tussyadiah & Lu）[101]提出一个理论模型，研究了旅游者数据共享意愿对在线隐私引发关注及其影响。卢家银[102]在新冠疫情背景下，基于保护动机理论实证分析了平台用户隐私保护行为及影响因素。穆维苏默、哈佩恩、布德、桑切兹和布拉岑（Mwesiumo，Halpern，Budd，Suau–Sanchez & Bråthen）[103]提出一种验证性复合分析来测度隐私关注，并讨论了隐私关注对个人数据提供意愿的影响机理。朱侯和张明鑫[104]基于保护动机理论和社会认知理论，实证研究了 App 用户主体因素对其隐私设置行为的影响。谢、林、庭、刘和夸克

（Cheah，Lim，Ting，Liu & Quach）[105]研究了多渠道零售终端消费者行为，并基于心理对抗理论分析了隐私关注的调节作用。贾斯伯和皮尔森（Jaspers & Pearson）[106]采用大规模调研的方式，研究了物联网采纳与效用的驱动因素，并探讨了隐私关注与信任的作用机理。

（2）隐私保护策略方面

多梅耶和格罗斯（Dommeyer & Gross）[107]探讨了隐私相关法律与实践的消费者知识，以及消费者意识，并分析了保护消费者隐私的使用策略。明奇内（Minkkinen）[108]聚焦于隐私保护作为一种社会制度，并且建立在渐进式制度变迁理论之上，提出一种情境框架，该框架保护三个阶段：一是概述隐私保护的动态；二是追踪历史进程及构建因果叙事；三是创建基于事件的场景。朴、李、潘和张（Piao，Li，Pan & Zhang）[109]为移动商务联盟提出了一种基于位置服务的隐私保护服务框架，构建了一种新的隐私保护算法。朱光、曹雪莲和孙玥[110]构建了社交网络平台与用户隐私保护投入策略的演化博弈模型，得到隐私保护投入的演化稳定策略。门杰巴弗、贾和马（Mengibaev，Jia & Ma）[111]在演化博弈框架引入异质性互动模式来探讨社会网络中的隐私保护问题。罗尔特舍尔和马克斯（Loertscher & Marx）[112]针对数字垄断问题，研究了提升匹配价值的市场力及削减隐私的市场力，研究表明随着隐私下降垄断利润和福利通常都会递增。基于保护动机理论，莫萨威、陈、金和陈（Mousavi，Chen，Kim & Chen）[113]提出一个概念模型来解释社交网站用户隐私保护行为。

张、许和蔡（Zhang，Xu & Tsai）[114]基于社会网络的特性，提出一种合作保护框架，其将用户、社区及定位服务统一纳入考量范围，用以解决定位服务中的隐私保护问题。步、王、江和江（Bu，Wang，Jiang & Jiang）[115]从信息工程师的视角，提出一个基于 UTAUT 的整合模型，探讨了隐私设计实现的决定因素。程、侯和牟（Cheng，Hou & Mou）[116]探讨了感知风险的影响因素，并研究了拼车情境下感知风险与收益平衡如何影响个人信息隐私选择。康蒂和瑞弗贝里（Conti & Reverberi）[117]研究了隐私监管的选入制度如何影响产品质量和消费者剩余，这种制度是用来限制在线价格歧视的范围。针对在线隐私，消费者面临平衡风险与收益的两难境地的问题，利亚纳拉奇奇（Liyanaarachchi）[118]运用扎根理论方法研究了在线零售商背景下，在信息披露态度方面的民族文化的影响。沈月，仲伟俊和梅姝娥[119]利用博弈模型分析了隐私保护功能对企业竞争及社会福利的影响。吴和罗（Wu & Luo）[120]从理论上分析和从实证上评价隐私与价格之间的内在联系，研究发现更好的隐私保护并不能导致更高的价格。

（3）隐私保护方法方面

针对现有隐私保护聚焦于鉴别敏感区域及保护目标行为，忽视了隐私内容的可恢复性，针对上述问题，杜、张、付、任和张（Du, Zhang, Fu, Ren & Zhang）[121]提出一个新的有效的隐私保护方案，该方案适用于视频监控中的数据安全。张、郑和王（Zhang, Zheng & Wang）[122]针对智能仪表用户隐私问题提出一种隐私保护方案，该方案可以澄清基于可信计算的终端可信度。林、包、李、司和褚（Lin, Bao, Li, Si & Chu）[123]分析了差分隐私随机梯度下降（DP – SGD）方法中诸如：加噪顺序等因素可能会从不同维度影响绩效。莫萨威、陈、金和陈（Mousavi, Chen, Kim & Chen）[113]从保护动机理论视角分析了社交媒体中针对用户隐私保护的隐私保障机制的效力问题。孙（Sun）[124]云计算中隐私安全保护技术的视角，回顾了隐私安全问题的研究进展，讨论了目前面临的挑战，提出未来可能研究的方向。

针对文本复原存在的用户隐私泄露问题，吴、沈、廉、苏和陈（Wu, Shen, Lian, Su & Chen）[125]提出了一种基于空白文本的隐私保护方法。肖、李、王、梁和刘（Xiao, Li, Wang, Liang & Liu）[126]针对分布式压缩视频传感技术中的隐私问题，设计了一种新的方案，用来同时确保隐私保护和高效率编码。阿拉加、巴哈姆吉、拉特罗特和巴哈姆吉（Alraja，Barhamgi，Rattrout & Barhamgi）[127]提出了一种整合方案来有效保护大部分物联网应用客户的隐私。伊拉希、卡斯蒂格利昂、王和格曼（Elahi，Castiglione，Wang & Geman）[128]针对环境辅助生活系统中人工智能和机器学习的隐私和安全问题，分析了以人为中心的人工智能方法。宋和马（Song & Ma）[129]针对空间众包中的隐私保护问题，提出了一种新的位置隐私保护方法，该方法不仅能保护用户位置隐私，而且能保护众包任务的位置隐私。张、李和王（Zhang，Li & Wang）[130]针对定位服务中的隐私保护问题，提出了一种性能可调的计算机专用信息检索模型。

（4）隐私保护技术方面

像隐私浏览器等隐私保护技术均已成熟，马泽尔、加尼尔和福田（Mazel，Garnier & Fukuda）[131]提出了一种隐私保护比较的可靠的方法论体系，并广泛地比较了现有的隐私保护技术的优劣势。阿拉瓦德希和胡赛因（Alawadhi & Hussain）[132]针对情景感知应用用户的隐私保护问题，研究了隐私保护系统中学习算法实现的效力对流行病的影响。鲍特和库彻（Boutet & Cunche）[133]针对 Wi‐Fi 位置定位系统涉及的隐私保护问题，提出了一种新的办法，用来保护用户隐私。张、容和王（Zhang，Rong & Wang）[134]针对智能仪表与电力控制中心双向传输中涉及的隐私泄露问题，提出了一种考虑需求响应和隐私保护的智能家居用电最优调度技术。袁、皮、赵和许（Yuan，Pi，Zhao & Xu）[135]针对定位服务中的隐私泄露问题，提出了一种基于 R‐树的差分隐私轨道数据保护技术。苏、江和崔（Su，Jiang & Choi）[136]针对海上移动终端位置隐私泄露风险问题，研究了两种卸货情境下位置隐私保护技术。

宁、孙、陶和李（Ning，Sun，Tao & Li）[137]针对加权图设计了一种隐私保护算法，并采用隐私保护模型实现了边权和图结构的隐私保护。刘、张、韩、孙和邝（Liu，Zhang，Han，Sun & Kwong）[138]

提出了一种视觉行为识别技术，该技术用来保护视觉隐私以平衡运作效率和识别精准性之间的关系。林、刘、李、熊和苟（Lin, Liu, Li, Xiong & Gou）[139]提出了结合战略分析和网页核查的流行网站测度技术，并为中国个人信息保护立法系统提供对策建议。甘、燕、温、姚和张（Gan, Yan, Wen, Yao & Zhang）[140]多能源系统中隐私保护问题，为地区与区域联合多能源系统提出了一种新的低碳规划技术，以此来确保区域和地区能源系统的隐私得到有效保护。

（5）数字服务与客户隐私交互行为

为辨明消费者隐私披露困境，彻拉帕和辛[12]实证分析了个性化价值与隐私交换的影响机理，研究表明在线商家可通过信任建立等行为提升获取和使用消费者隐私信息的能力。迪尼弗（Tamara Dinev）[141]构建了一个理论模型，实证研究了隐私关注下消费者提供个人信息的动机。彻拉帕和史文杜[63]通过构建三个委托—代理模型，研究了门户网站和广告商之间的战略互动，其中门户确定获取用户信息的数字服务水平，广告商基于这些隐私信息支付广告费给门户网站。彻拉帕[142]通过个性化与隐私交易的经济模型，研究了政府监管机制和对消费者福利的影响。彻拉帕和史文杜[1]针对个性化服务的非自由处置特性，建模研究了在线卖主的服务策略，其中消费者具有隐私异质性。基于上述研究，吕、万和吴（Lv, Wan & Wu）[143]构建了一个垂直产品差异化和水平服务差异化二维模型，据此研究了差异化服务质量如何影响产品价格和利润。吕和万（Lv and Wan）[144]考虑到对个性化服务需求的差异性，将客户分为三类，通过构建服务契约，研究了服务与客户隐私交互的影响机理问题。赵江和何诗楠[145]从消费者隐私视角，实证分析了消费者隐私态度、定向广告认知及行为意愿之间的影响机理。孙锐和罗映宇[146]基于自我知觉理论，实验研究了消费者隐私关注对推荐信息来源的接受行为和内在机制。

基于以上文献分析可知，隐私关注行为主要针对消费者认知、情感、应对行为、意愿、信任等方面因素，展开影响关系和作用机理等方面的研究；隐私保护技术和方法主要针对不同领域平台特征设计隐私保护方案，优化隐私保护算法，创新隐私保护技术等方面；隐私交互行为文献虽然考虑了客户隐私披露和数字服务交互影响，但影响机理比较单一，缺乏对数字经济下多方面影响变量的综合考量，所得出的影响机理缺乏系统性，不能完全揭示客户与平台交互的真实意愿和影响关系。为了真实反映客户交互行为，有必要将平台数字服务技术、平台关注度、隐私披露风险等多重变量考虑进来，进一步辨明客户与平台交互行为机理，为后续平台行为分析奠定基础。

2.2.3 客户分类方法

（1）客户分类方法

客户分类（customer classification）是基于客户的属性特征所进行的有效性识别与差异化区分[147]。客户分类以客户属性为基础，通常依据客户的社会属性、行为属性和价值属性[148]。客户分类的目的不仅是实现企业内部对于客户的统一有效识别，也常常用于指导企业客户管理的战略性资源配置与战术性服务营销对策应用，支撑企业以客户为中心的个性化服务与专业化营销[148]。

现有文献从不同领域和不同视角对客户分类方法展开深入研究，例如：肖等（Xiao et al.，2012）[149]提出了一种不平衡数据的动态分类器集成方法。张婷婷等（2012）提出了一种基于动态分类器集成选择的不完整数据分类方法 DCES－ID[150]。任秀春和贺亚吉（2014）针对网络购物过程中消费者选择商品的趋向性差异，提出了一种基于决策树的客户分类方法[151]。肖等（2017）[152]针对客户分类提出了一种半监管特征的选择算法。比斯卡里等（Biscarri et al.，2017）[153]针对能源市场中电力客户的负载问题，提出了一种客户负载自动分类的电力聚类框架。

已有研究主要从定性和定量两个方面研究了客户的分类方法。定性分类方法研究包括 ABC 分类法、因素组合分类法等；而定量分类方法则涉及客户成本贡献率分类法、客户投资净现值法及客户投资回收期法[147]。

（2）客户分类依据

为清晰客户分类在客户价值管理中的重要作用，学术界依据客户对企业的利润贡献度、客户当前价值和潜在价值、客户需求和客户特征、客户价值评价、当前客户价值、互动情况和忠诚度、消费者行为等不同视角及准则，对客户进行分类管控，制定营销策略，具体研究成果如表 2 – 9 所示。

表 2 – 9 客户分类依据

作者	分类依据	分类类别
王建民和王传旭（2006）[154]	客户对企业的利润贡献度	黄金客户、白银客户、普通客户、危险客户、淘汰客户
胡蓓（2011）[155]	客户当前价值和潜在价值	低当前价值—低潜在价值客户、低当前价值—高潜在价值客户、高当前价值—低潜在价值客户、高当前价值—高潜在价值客户
杨彬和田甜（2011）[156]	客户对银行理财产品的支持度和置信度	黄金客户、成长客户、普通客户
张青（2014）[157]	客户需求和客户特征	渠道偏好客户、消费偏好客户、访问偏好客户、搜索偏好客户、专题偏好客户、应用偏好客户
王鑫（2016）[158]	客户价值评价	战略型高价值类大客户、核心客户、一般性客户、低价值客户
杨红艳（2017）[159]	当前客户价值、互动情况和忠诚度	超级客户、优秀客户、观望客户、微值客户

作者	分类依据	分类类别
王静宇（2017）[160]	顾客价值评价	高价值客户、一般价值客户、低价值客户
闫春等（2018）[161]	财险客户的利润贡献度和风险	价值提升客户、稳定型客户、高价值客户、衰退期客户
贾应丽（2018）[162]	消费者行为	潜在客户、核心客户、流失客户

大量研究依据不同分类变量对客户分类进行了研究。而在个性化服务环境下，依据客户对企业提供的在线个性化服务的效用感知及服务确知还很鲜见。通过服务效用感知和服务确知对客户进行合理分类，可以更好地满足客户需求，更为企业实施和设计个性化服务策略提供坚实基础。

2.2.4 客户价值与客户分类相关研究述评

随着网络技术和信息技术的不断发展，在线个性化服务策略研究已经引起学术界和实业界的高度关注，并逐渐成为运营管理领域的重要研究分支。现有研究为理解和认识个性化服务及对企业和客户的影响关系提供了一定的启示作用。研究学者从数字经济背景下客户的在线行为入手，从客户的个性化服务预期收益和信息披露感知风险进行了探索，同时也取得了一定的研究成果。此外，在线个性化服务的作用机理和影响研究也在不断深入。通过对客户价值和客户分类相关研究主题进行梳理，不难发现，在线个性化服务提供策略研究还处于探索阶段，目前还存在许多进一步对其进行深入剖析和研究的问题，具体包括：

第一，对于个性化服务背景下客户个性化选择行为取决于其对服务预期收益和感知风险的利弊权衡。现有研究多从隐私关注角度研究客户在线信息披露的感知风险，客户隐私关注下，如何设计最优的个性化服务契约，以达到客户信息获取的目的。而客户服务预期收益与信息披露感知风险并存下的个性化服务提供策略研究还很鲜见，现有研究不能为企业管理实践提供指导，也阻碍了在线个性化服务的发展。因此，深入研究服务预期收益与信息披露感知风险并存下的客户效用模型，对于在线个性化服务的提供策略是个性化研究的努力方向。

第二，现有研究只考虑基本个性化服务，缺乏对客户互补性服务需求的刻画。随着社会的不断发展，客户关联性、互补性需求日益膨胀。客户在进行决策时，往往要考虑到互补性需求的满足。同时，由于信息技术的日趋成熟，为企业同时提供多种具有互补关系的在线个性化服务提供了可行性和便利性。因此，企业可以利用互补个性化服务的优势，来获取更多的客户偏好信息，并且将所获得的与互补企业产品相关的偏好信息有偿共享给互补企业，进而实现客户偏好信息的价值转化，提升企业收益。总之，综合考虑客户互补性服务需求的研究还是空白。

第三，在个性化服务环境下，针对不同客户分类下的服务提供策略研究相对缺乏。由于客户对企业提供的互补个性化服务预期，以及客户对互补个性化服务的期望效用感知存在明显差异性，已有研究不能完全揭示这种客户类型差异性对企业推行个性化服务策略的作用机理。现有研究虽然从不同领域分别研究了潜在客户，战略客户及基本客户的影响，但在个性化服务环境下，针对上述不同客户类型，制定不同的在线个性化服务策略，迫在眉睫。只有这样才能更好地知道互联网企业，制定恰当的在线个性化服务提供策略，从而实现最大化获取客户偏好信息。因此，管理实践急需这方面的研究为其提供技术支撑和理论指导。

2.3　客户偏好信息价值管理相关研究综述

2.3.1　客户偏好信息价值

（1）客户偏好信息的价值

客户偏好信息（customer preference information）包括产品需求偏好信息和相关产品需求偏好信息两个方面，其中互补品信息是相关产品需求偏好信息中非常重要的一个组成部分。客户偏好信息的价值主要体现在两个方面，一是对企业本身的价值，二是对于合作伙伴的价值，包括供应链伙伴、互补企业等。

对于企业本身而言，已有研究从不同领域和视角探讨了客户偏好信息的价值。例如：针对一个连续审查库存系统中的存货控制问题，阿克萨特和维斯瓦纳詹（Axsäter & Viswanathan，2012）[163]提出了一个供应商延时策略，评价了客户存货水平信息对独立供应商的价值。标准经济理论认为客户信息能提升决策水平，并且假设信息会产生正向价值，但是贝尔曼等（Beiermann et al.，2017）[164]采用实验方法更为直接地测试信息偏好的价值。研究发现，这些信息可能会损害消费者利益，进而改变消费者的行为。车等（2017）[165]采用实证方法研究了客户信息与上市公司市场价值之间的关系。应用多目标优化方法，卡达尼等（Kaddani et al.，2017）[166]提出了一种针对客户局部偏好信息的加权和模型。考虑到决策者的信息偏好和信息需求的不确定性，阿西和莱文（Athey & Levin，2018）[167]聚焦于单调决策问题，研究了偏好信息的价值。

对于合作伙伴而言，现有文献从不同视角研究了客户信息的价值。例如费乔等（Feijóo et al.，2014）[168]研究了基于新型资产经营模式的不同企业间，个人信息的经济价值。布拉林和瓦莱蒂（Clavorà Braulin & Valletti，2016）[169]考虑了一个具有客户偏好精准信息的数据代理，是将这些客户偏好信息卖给高质量企业还是低质量竞争对手企业，取决于这两个公司的质量调整成本差异化水平。考勒和巴卡尔（Köle & Bakal，2017）[170]研究了中断风险存在情境下，由一个买方和两个供应商构成的系统中可获得信息的价值问题。吴等（2017）[171]研究了安全服务供应商的运作特性如何影响其战略决策，研究发现无论是互补企业还是替代企业，企业的信息特性在影响安全服务供应商决策时起到至关重要的作用。全球竞争导致企业从以产品为中心向以客户为中心的思考模式的转移，在这样的背景下，斯里瓦希桑和卡马希（Srivathsan & Kamath，2018）[172]考虑了一种供应链网络中上游企业存货信息共享的价值。维埃特等（Viet et al.，2018）[173]采用系统文献综述方法，提出了一个在不同供应链决策中信息价值的结构化框架，并且在现有研究基础上指出未来的研究议程。

（2）客户偏好信息获取途径

正如上述分析可知，客户偏好信息对于互补企业间具有十分重要的应用价值和实践意义。如何获取信息也引起了很多学者和企业管理人员的兴趣。大量研究[174-178]从不同研究视角探讨和研究了企业管理实践中的信息获取问题。

在网络背景下，已有研究指出客户信息获取的途径或渠道包括：常用数据库、行业或产业协会网站、研究机构、邮箱、调查问卷、博客等。例如：曹京（2001）基于调研分析和实践经验，分析了公司产品信息的特点及获取产品信息的有效途径[179]。顾康南（2005）分析了网络、展览会、人际交流等合法途径中如何获取竞争情报[180]。李艳（2006）探讨了企业电子商务中有效获取在线客户信息的途径[181]。吴宗朝和张玉峰（2007）从不同角度和不同层次研究了企业竞争情报的获取途径[182]。赵长海（2009）阐述了竞争对手和竞争环境信息的作用、分类和手机方法，重点分析了应用正当手段收集信息的途径[183]。

然而，常规的信息获取途径或渠道无法精准地获取到客户偏好信息，一般都要通过购买、租用或者合作共享等方式来获取[184,185]。例如彻拉帕和史文杜（2006）[63]通过三个模型研究了广告商从门户网站提供的个性化服务中购买客户偏好信息的最优策略问题。李（Li，2006）[186]研究了定位服务中个体层面的客户信息偏好和需求，分析了环境、个人和移动服务间信息交易的交互式特性。郭和艾耶（Guo & Iyer，2010）[187]研究了垂直方向上制造商最优的信息获取和共享策略，以及通过共享所获得到的信息如何影响下游零售商的行为。崔等（2012）[188]从领先的网络零售商处获取到客户地理位置信息来评价一个多元负二项分布模型。拉加拉和蒂斯多姆（Rajala & Tidström，2017）[189]实证研究了在合作和竞争同时存在情形下组织的购买行为的影响机理。

（3）信息产品定价

随着网络技术和信息技术的不断发展，尤其是电子信息产品，成为人们生活中必不可少的一部分。而在线个性化服务作为一种特殊的信息服务，具有免费性、零边际生产可变成本和非自由处置的特性，已有文献从管理实践出发，从不同视角和不同领域研究了信息产品的定价问题。例如桑达拉詹（2004）[7]分析了不完全信息下信息产品的最优定价，研究了固定费定价及基于效用的两种定价方式，研究发现如果基于效用的定价方式可行，那么管理基于效用的定价会牵涉转换成本。吴等（2008）[190]提出了利用非线性混合整数规划方法来解决信息产品的定制化捆绑定价问题。乔杜里（Choudhary，2010）[191]研究了利用定价方案来区分信息产品，研究发现利用定价方案可使无差别的经销商获得大量利润。黄等（2017）[192]研究了供应链中数字产品剽窃的定价和协调问题，研究发现随着剽窃的增加，迫使零售商进入更小的市场中进行竞争，从而导致渠道内成员利润的下降。

2.3.2　客户偏好信息交易模式

为揭示数字经济背景下，互补企业间服务合作影响下的在线个性化服务提供策略，接下来对定价方式相关文献进行系统的分析和综述，指出现有研究存在的空白与不足，提出本书的研究创新，为后续模型构建和研究奠定文献基础。

固定费用定价（fixed-fee pricing）是指互补企业一次性支付给企业一定的费用，用以交换客户偏好信息的定价方式。而可变费用定价（variable-rate pricing）是指基于服务率或者服务的边际价值的一种定价方式[63]。

现有文献针对信息产品，从定价策略、影响分析等方面研究了多种定价方式的作用机理。刘子文等（1995）采用净现值法和投资回收期法研究了信息商品交易中的需方定价策略，分析了适用于信息商品需方的总付、提成支付及初付与提成支付相结合的三种定价方式[193]。桑达拉拉詹（2004）[7]分析了不完全信息下信息产品的最优定价，研究了固定费定价及基于效用的两种定价方式，研究发现如果基于效用的定价方式可行，那么管理基于效用的定价会牵涉转换成本。李莹（2004）以微软产品为例，提出了以用户差别定价、群体定价及版本划分定价三种定价方式[194]。

此外，韩建军等（2005）针对 R&D 竞赛研究了竞赛人竞价和事先固定定价两种定价方式对项目业主总体期望收益的影响[195]。彻拉帕和史文杜（2006）[63]构建了一个广告商和门户网站之间的契约模型，研究基于服务率定价方式消费者隐私关注下的个性化服务策略。曲创和阴红星（2010）针对体验式商品的定价难题，探讨了基于网络信息技术产品特性的免费定价策略[196]。罗雪臻（2013）针对不同定价方式如何影响企业并购绩效的问题，分析了现金支付、股票支付、资产置换、承担债务、混合支付等多种定价方式对企业并购绩效的影响机理[197]。谢文容（2013）研究了基于买家自主定价的网络拍卖和基于卖方定价的固定价格两种定价方式对网络交易定价策略的影响[198]。

2.3.3　客户偏好信息价值管理相关研究述评

随着网络技术和信息技术的快速发展，在线个性化服务作为一种有效的信息获取手段，已经被业界广泛使用。然后，对于信息获取渠道和获取技术处于劣势的新兴或中小企业而言，开辟新的获取方式或渠道已经引起学术界和实业界的高度重视，并逐渐成为运作管理领域的重要研究分支。现有研究从不同视角对信息获取和信息产品定价展开了深入的研究，并且对信息获取方式对企业绩效和定价的作用机理也在不断深入。本节通过对互补企业间客户偏好信息价值、信息获取途径、信息产品定价及定价方式等进行系统梳理，不难发现，已有研究针对互补企业间客户偏好信息交易的研究还很缺乏，目前还存在诸多需要进一步研究的问题。这些问题包括：

第一，已有研究对客户偏好信息价值转化途径的认识还不够深入。现有研究仅从企业视角探讨信息获取的方式及其影响，而对于互补企业间的客户偏好信息价值转化研究还很缺乏，难以完整地刻画出互补企业间信息交易的研究框架，也很难全面地阐释客户偏好信息优势企业如何实现信息的价值转化。因此，有必要对互补企业间的客户信息的价值转化途径展开深入研究。

第二，客户偏好信息价值转化的交易方式及对信息获取策略的影响研究还很缺乏。已有研究大多从信息获取途径或渠道、产品或服务定价策略、不同定价方式的影响机理等展开研究。部分学者考虑了门户网站和广告商之间，通过在线个性化服务获取客户偏好信息的委托代理模型，缺乏客户信息价值转化的交易方式如何影响互补企业间的服务提供策略等相关研究，无法揭示互补企业间服务合作和客户信息交易的作用机理。

第三，深入分析互补企业间客户偏好信息获取的利益变化及策略影响研究还很缺乏。虽然已有文献研究了信息获取及不同交易方式对企业利益的影响，但在个性化服务环境下，深入分析客户信息获取对两互补企业信息利益变化的研究还很缺乏，而且深入探讨在线个性化服务提供策略及影响的研究还很少见。因此，有必要对互补企业间客户偏好信息价值转化和信息获取的作用机理进行深入研究。

2.4 产品与服务质量差异化相关研究综述

本节从服务质量的概念及特征，和产品或服务质量差异化策略及影响两个方面对现有研究进行综述，梳理出现有研究的空白和不足，指出本书的研究意义。

2.4.1 服务质量概念及特征

服务质量（service quality）是指服务能够满足规定和潜在需求的特征和特性的总和，是指企业提供的个性化服务能够满足客户需求的程度[199]。服务质量是服务营销的核心，也是企业获得竞争优势的重要手段。服务质量的优与劣决定了企业服务营销的成与败。

帕拉苏拉曼等（Parasuraman et al.，1985）[199]为更好地理解服务质量的概念，指出服务的三个重要特征，即无形性，异质性及不可分离性。（1）无形性：不同于有形产品，大多数服务都无法计算、测量、存储、测试和验证，因而使得企业很难理解客户如何感知和评价服务质量。（2）异质性：服务的绩效随着生产商的不同而不同，随着客户的不同而不同，随着时间的推移而改变。（3）不可分离性：生产和服务的消费通常是不可分离的，同时消费者的投入对服务绩效的质量是至关重要的。

现有研究针对服务质量展开广泛的探讨，如蔡特哈姆尔等（Zeithaml et al.，1996）[200]提出了一个服务质量对客户行为影响的概念模型，研究揭示了针对行为意向不同维度，质量—意向链之间存在明显差异。以方法—目的链框架作为理论基础，帕拉苏拉曼等（Parasuraman et al.，2005）[201]采用一种多项量表评估了电子服务质量，并提出了电子服务质量的下一步研究方向。

服务质量差异化（service quality differentiations）是指在服务开发和推广上，努力提供多种服务质量以满足不同客户的个性化服务需求，是一种市场细分的营销策略[202]。服务质量差异化具有如下特点：（1）有针对性地提供服务；（2）服务是建立在客户数据分析基础之上；（3）具有不可复制性；（4）是用户体验与营销内容的充分结合[202]。

在数字经济背景下，企业有针对性地制定在线个性化服务的提供策略，提供差异化的服务质量以求最大限度地满足客户的不同服务需求，进而获得更大的竞争优势。已有文献中关于互补企业间提供差异化的个性化服务质量来获得竞争优势的研究还很欠缺，迫切需要理论研究为管理实践提供技术指导和理论支撑。

2.4.2 产品或服务质量差异化策略及影响

为揭示服务竞争数字经济背景下，企业的在线个性化服务提供策略，本节开始对现有产品与服务差异化文献进行系统的分析和综述，提出本节的研究创新，并为本节的模型构建及分析奠定文献基础。产品和服务差异化作为企业获取竞争优势的重要手段，广泛应用于企业管理实践中。在学术研究中，产品和服务差异化也成为学者们关注的重要研究分支。现有研究针对不同研究问题和研究领域，研究了企业的产品和服务差异化策略。

（1）产品差异化

已有文献围绕产品差异化展开广泛的研究，例如乔杜里（2010）[191]研究了信息产品的定价策略，当忽略生产边际成本时，采用差异化的定价策略是一个信息产品的纳什均衡。针对跨期效用最大化的战略型客户，刘和张（Liu & Zhang，2013）[203]研究了提供垂直差异化产品的两个企业间动态定价竞争问题，强调了战略客户行为对质量差异化企业的差异化影响。研究发现对静态定价的单方面允诺可以提高两个企业的利润。针对种类偏好的消费者，蔡特哈默和托马森（Zeithammer & Thomadsen，2013）[204]研究了一个垂直差异化双头垄断企业价格和质量竞争问题。种类偏好是对相同产品重复购买时边际效用递减产生的结果。在共有基金行业中，李和邱（Li & Qiu，2014）[205]提出了一个模型实证研究金融产品差异化问题，研究发现由风险因子负荷造成的回报对基金市场占有率具有重要影响。在质量差异化市场中，张等（2014）[206]研究了概率销售的影响，由于质量差异化市场的广泛流行和这些市场中偏好结构的显著差异一样，概率销售是询问过程中一个新的重要的维度。

（2）服务差异化

另一些学者围绕服务差异化对企业营销策略的影响，展开深入的研究，例如：当纯商品提供商向服务提供商过渡背景下，葛鲍尔等（Gebauer et al.，2011）[207]研究了客户需求、客户中心性、创新性、服务差异性及经营绩效之间的关系。为解决多家货栈多品种问题，阿瓦里兹等（Alvarez et al.，2014）[208]提出了一种有效且高效率的启发式算法，旨在研究选择性横向转运的服务差异化问题。在信息不对称前提下，陈和杨（Chen & Yang，2014）[209]考虑了一个服务差异化的双渠道供应链系统中，服务合作激励机制的设计问题。针对智能电网邻居区域网络，采用端对端的方式来塑造和控制多种类交通流，拉加林哈姆等（Rajalingham et al.，2016）[210]探究了网络层中服务质量差异化问题。

（3）产品＋服务质量差异化

拉加和奥菲克（Lauga & Ofek，2011）[211]研究了一个双头垄断二维垂直差异化模型，其中消费者关于两种产品特征的支付意愿是多样化的，且边际成本随着所选择每种产品属性的质量升高而增大。在一个二维产品质量和多种客户分布的垄断市场中，奉等（Feng et al.，2013）[212]通过实验研究了信息产品最优的版本化策略。文献考虑了三种客户分布，即均匀分布、指数分布、高斯分布。研究发现，客户分布对垄断商最优的版本化策略具有重要影响。此外，最高质量版本是外生定价，高于一个版本策略中的最优价格；而多版本策略对企业更有益且更好的市场覆盖。阿瓦里兹等（Alvarez et al.，2014）[208]研究了包括多家货栈和两类客户通过选择性横向补货的服务差异化问题。加沃罗斯基等（Gaivoronski et al.，2016）[213]研究了 E2E 差异化服务的风险平衡度量和定价问题。

瓦塔尔等（Wattal et al.，2009）[67]利用博弈论构建了一个二维模型，研究了企业的信息个性化与不同维度产品差异化之间的相互影响。研究发现当企业采用个性化时，不同市场结构会导致不同道均衡结果。此外，企业通过提高或降低自身个性化的投资来应对竞争者的个性化。吕等（2017）[5]将上述单一维度的在线个性化服务拓展至二维，构建了一个垂直产品差异化和水平服务差异化二维模型，研究了互补企业间提供个性化服务的质量对企业利润和价格的影响，并且分析了不同情境下企业的最优策略及均衡条件。

2.4.3　产品与服务质量差异化相关研究述评

通过梳理和归纳现有产品和服务差异化文献，发现大多数研究主要围绕一维产品差异化定价或影响模型、服务差异化、二维产品＋服务差异化影响模型等方面展开研究。服务质量差异化研究还存在不足，仍有需要进一步深入研究的问题，这些问题若不能很好地解决，可能会阻碍企业采用差异化的服务质量来获得竞争优势，制约了服务质量差异化研究的深入开展。目前存在的问题有：

第一，现有研究仅从产品或服务差异化的单一维度入手展开研究。仅有一篇文献［瓦塔尔等（2009）］讨论了信息个性化与不同维度产品差异化之间的相互影响。然而，针对互补企业间如何利用差异化的个性化服务来获得竞争优势，如何为互补品定价，以及差异化的服务质量如何影响企业的定价和利润？因此，有必要将个性化服务质量差异化引入模型分析中，构建垂直产品差异化和水平服务差异化的二维模型，探讨差异化的个性化服务质量互补企业间的利润和产品定价的影响机理。

第二，现有研究缺乏对不同服务质量差异化情境的个性化服务策略进行对比分析和深入研究。不能很好地揭示互补企业之间提供在线个性化服务的内在影响机理。因此，有必要构建二维模型，这是因为只有这样才可以把产品差异化和服务差异化很好地分割开来，对各个维度进行独立分析，探讨各个维度上的影响机理。

第三，现有研究只是从竞争性企业视角入手来研究服务差异化的影响，而从互补企业间视角展开研究的文献还很缺乏。在数字经济背景下，由于互补品之间内在的关联性和依从关系，加之互补企业想通过提供差异化的服务质量来获得竞争优势，其内在的作用机理尚不明晰。因此，有必要从互补企业视角入手，分析差异化服务质量对其利润和定价的影响机理。

现有文献的不足为本领域进一步深入研究提供巨大的学术空间。本书拓展方向与现有文献之间的关系如图 2－2 所示。

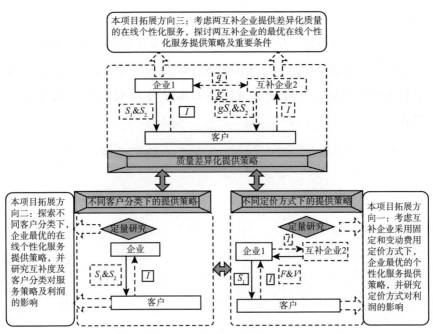

图 2－2　本书拓展方向与现有文献之间关系图

2.5　本章小结

随着网络技术和信息技术的不断发展，企业为不断获取竞争优势，采用在线个性化服务技术，一方面可以为客户提供便利，缩短在线检索时间，提高客户产品匹配度和满意度；另一方面，企业可以利用在线个性化服务获取客户偏好信息来改善在线服务、改良和提升产品质量、实施市场锁定、定向推介和目标定价等。对企业的管理实践提出了更大的挑战。为了更好地指导企业实践，学术研究紧跟经济发展趋势，展开了大量的管理和经济前沿研究，但仍然遗留了很多有价值并值得研究的问题，因此，这也是本书的意义和价值所在。

　　本章首先阐述了在线个性化服务及其发展，其次分别从客户价值和客户分类、互补企业间客户偏好信息价值和信息获取途径，以及产品或服务质量差异化三个方面对相关理论和文献进行梳理，通过对现有研究的分析和整理，发现并指明现有研究存在的不足和空缺，明确了本书的切入点，为后续模型构建和策略分析奠定了理论和文献基础。

3　不同客户分类下在线个性化
服务提供策略研究[*]

　　数字经济背景下，对于企业 1 而言，市场需求的不确定性和客户偏好的互补性使得目标广告精准推介及目标营销更具挑战性。但是，先进的网络技术为企业 1 提供了一种全新的获取客户偏好信息的方式。这些网络技术是基于企业 1 提供的在线个性化服务水平以及市场中客户的分类。产生这些问题的原因是企业 1 无法精准地预测客户偏好，而且企业提供在线个性化服务不能向客户收取费用。因此，探讨不同客户分类下具有互补关系的个性化服务的提供策略对企业 1 而言具有十分重要的现实和理论意义。

　　当客户浏览企业门户或网站时，常常会碰见企业 1 提供的互补个性化服务。例如，客户进入网上银行（online banking）浏览并使用诸如账务收支平衡、下载交易清单、电子账单支付等基本个性化服务时，不得不同时浏览诸如金融服务、投资服务、证券、养老计划等互补个性化服务。另一个例子，BMW 购车者通过基本个性化服务（系列、气缸、马力、加速等）选择自己满意的车型及配置后，通常还会浏览诸如无线技术、内饰图案、行李仓架、地脚垫等互补个性化服务。这些个性化服务则是通过企业 1 提供的工具栏、侧栏、链接及子

---

　　[*]　本章研究成果已被国际最具学术影响力期刊 *Journal of the Operational Research Society* 全文发表，2019，70（7）：1149－1163.（SCI & SSCI indexed）.

83

链接等，一层接一层来实现的。根据个人的偏好，客户有针对性地选择并使用这些个性化服务，个人偏好信息则同时泄露给了企业 1。

除了在线个性化服务种类的差异化，本章吸收了信息市场中客户分割的特征。在个性化服务实现过程中，客户对企业 1 提供的互补个性化服务效用感知存在差异性，即某些客户明确互补在线个性化服务对自身服务感知的效用，而其余客户则不明确。此外，某些客户确知企业 1 会提供互补个性化服务，但其不会使用这些互补个性化服务，而是从其他市场中寻求替代；而其余客户则对互补个性化服务是否提供不确知，但由于系统设计的自解释性，又不得不使用这些互补个性化服务。因此，客户是否使用企业 1 提供互补个性化服务的认知也是异质的。

综合考虑在线个性化服务种类差异性及客户分类的异质性，本章研究目的是通过分析三类客户在市场中分别占据主导地位情形下，企业 1 最优的在线个性化服务提供策略的制定及其重要影响，在此基础上，针对三种客户都存在的情境下提出企业 1 的最优决策。从而为管理实践和在线个性化研究提供研究基础和理论依据。

3.1　研究过程设计

本章首先针对不同客户分类下服务提供策略的问题进行描述，构建本章的模型框架，其中包括模型准备、客户分类、三种服务提供策略界定等，旨在全面、系统地解析在线个性化服务与偏好信息披露感知风险之间的关系，为下文服务提供策略分析做好理论准备；其次针对三种服务提供策略展开研究，提出了企业 1 的最优决策，并采用算例研究分析了客户分类、互补度和信息边际价值对最优个性化服务策略的影响。本章研究过程设计如图 3-1 所示。

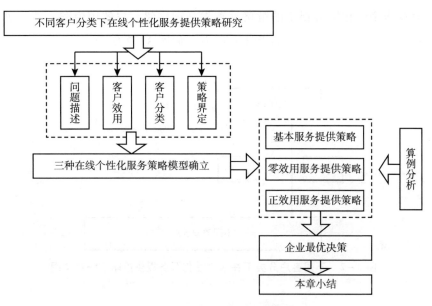

图 3 − 1　第 3 章研究过程设计

3.2　问题描述及模型框架

3.2.1　问题描述

本章开始探讨不同客户分类存在下企业 1 在线个性化服务提供策略及影响机理。其中，企业 1 同时为客户提供两种具有互补关系的在线个性化服务，来获取相应的客户偏好信息（例如，网上银行、BMW、Apple 等）。同时，客户则会根据个人偏好信息披露的风险感知程度和需求偏好，有针对性地选择并使用个人最优的在线个性化服务水平。值得注意的是，客户对互补个性化服务使用意愿是异质的，而且对互补个性化服务的期望效用也是异质的。因此，要研究企业 1

对在线个性化服务提供的策略，首先必须构建客户效用模型，然后进行分类，从而展开策略的设计和研究，如图3-2所示。

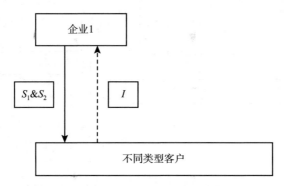

图3-2　不同客户分类下在线个性化服务提供策略系统结构图

3.2.2　客户效用模型

本章所考虑的在线个性化服务收益—偏好信息披露风险关注之间的交易模型，虽然形式上不同于经济产品中的定价模型，但其本质意义是相似的。本章用在线个性化服务对应表征消费者购买产品的数量，用偏好信息披露风险对应刻画客户付出的成本或价格。换句话说，也就是客户使用了一定数量的企业提供的在线个性化服务，同时作为补偿，客户必须披露一定量的偏好信息给企业。为了明确这种个性化服务—偏好信息获取之间的经济关系，首先给出几个定义。

定义 3.1　企业1提供在线个性化服务来获取客户偏好信息，这种服务—信息的映射关系[1,4,63]为

$$g^{-1}(I) = S \qquad\qquad (3-1)$$

其中，I 表示客户偏好信息集，S 表示企业提供的个性化服务，$g^{-1}(\cdot)$ 表示个性化技术的线性状态。

假设 3.1　$I = S$。

　　为简化模型分析以及便于后续模型的求解，本章假设这种在线个性化服务—客户偏好信息交易是一一映射的，即：单位在线个性化服务可从客户处获得单位的客户偏好信息①。换句话说，固定数量的在线个性化服务可以获得固定数量的客户偏好信息。因此，可以得到 $I = S^{[1,4,63]}$。

　　隐私计算理论（privacy calculus theory）认为客户披露个人信息的意愿是建立在风险和收益分析的基础之上的。在参与在线互动过程中，客户通常会权衡或比较个人感知风险和预期收益，进而披露个人信息[1,4,63]。在在线个性化服务—偏好信息环境下，从客户的视角来看，偏好信息用来交换在线个性化服务；从企业的视角来看，在线个性化服务用来获取客户偏好信息。因此，客户与企业同时赋予一定的固有市场力，即企业有限制地提供在线个性化服务的数量或质量，而客户有选择地使用企业提供的在线个性化服务。从本质上讲，没有客户个人偏好信息的披露，在线个性化是不可能实现的[4]。为刻画客户披露个人偏好信息的风险，本章给出如下定义：

　　定义 3.2　系数 P_C 揭示客户所获得的服务收益，而系数 r_C 揭示客户偏好信息披露风险的感知成本。

　　值得注意的是，价值系数 $P_C > 0$ 表示异质性的客户使用在线个性化服务所获得的边际价值，成本系数 $r_C > 0$ 表示异质性客户使用在线个性化服务所披露偏好信息的感知成本。这一感知成本用来刻画客户对个人偏好信息披露风险的度量和大小。

　　假设 3.2　客户从在线个性化服务中获得的效用关于偏好信息披露风险的感知成本是凹性（或上凸）的。

　　客户效用函数是关于在线个性化服务 S_i 的倒"U"型函数。因

---

① 这一假设是为了简化模型分析，并且文献彻拉帕和史文杜（2007，2010）均采用类似假设。而且从后续的研究结论来看，这一假设不影响本书得到后续支持性的结果。

此，当客户使用企业 1 提供的两种在线个性化服务 S_1 和 S_2，他们同时评估个性化服务的收益及偏好信息披露的感知风险[1,4,63]。

假设 3.3 两种具有互补关系的在线个性化服务之间存在正交叉影响关系。

由于两种具有互补关系的服务 S_1 和 S_2 之间的互补特性，个性化服务 S_1 会正向影响个性化服务 S_2，反之亦然。两种服务之间的交互影响强度受到两种服务 S_1 和 S_2 间互补度 K 的制约[8,214,215]。互补品之间的交互影响主要体现为"溢出效应"，广泛应用于现有研究文献中[216,217]。换句话说，当客户使用基本个性化服务 S_1 时，由于互补个性化服务 S_2 的存在，会促使客户使用更多的基本个性化服务 S_1，进而会促使客户披露更多的个人偏好信息。这种交叉影响也会促使客户的感知效用增加。

企业 1 利用在线个性化服务技术来获取客户偏好信息，其取决于企业 1 到底要提供多少或者提供几种类型的在线个性化服务。此外，还取决于客户自主选择并使用多少在线个性化服务，进而披露多少个人偏好信息。为了刻画具有互补关系的客户在线个性化性服务需求结构，根据假设 3.1，假设 3.2，假设 3.3，本章构建了在线个性化服务的客户效用函数[215]为

$$U(S_1, S_2) = P_C(S_1 + S_2) - r_C(S_1^2 - KS_1S_2 + S_2^2)。 \quad (3-2)$$

其中，$K(0 < K < 1)$ 表示两种在线个性化服务的互补度。这种互补效用函数结构广泛应用于现有文献中[8,214]。从式（3-2）中可以明显看出，客户使用企业提供的两种在线个性化服务所获得的服务价值为 $P_C(S_1 + S_2)$。同时，客户由于使用两种在线个性化服务所披露个人偏好信息的感知成本为 $r_C(S_1^2 - KS_1S_2 + S_2^2)$。值得注意的是，由于两种在线个性化服务之间的互补关系，会产生一定的溢出效应，故客户会多使用一定量的在线个性化服务，使得披露的信息量有所增

加。但是，从整个过程来看，溢出效应会增加客户的服务价值。

根据式（3-2），分别求关于两种在线个性化服务的一阶偏导数，可得客户使用的最优在线个性化服务水平为

$$S_{iC}^* = \frac{P_{iC}}{(2-K)r_{iC}}。 \qquad (3-3)$$

其中，$i=1，2$。

定义 3.3 $S_{iC}^*(i=1，2)$揭示客户所使用的盈余最大的在线个性化服务水平。

从式（3-3）客户使用的最优在线个性化服务水平很容易发现，S_{iC}^*是关于在线个性化服务边际价值和偏好信息披露风险感知成本系数比率$\frac{P_{iC}}{r_{iC}}$的函数。因此，给出如下定义：

定义 3.4 客户在线个性化服务的边际价值P_C与偏好信息披露风险感知成本系数r_C之间的比率称之为 P4C（personalization for cost）比率。

由 P4C 比率的定义可以看出，这个比率是隐私计算行为概念的定量表达，很好地揭示出客户关于偏好信息披露风险关注下的在线个性化服务表达。

假设 3.4 客户关于两种在线个性化服务的 P4C 比率服从均匀分布。

用$U(S_{iC}^*)$表示客户的分布密度，那么 P4C 比率[1,4,63]服从

$$\frac{P_{1C}}{r_{1C}} \in U[0，a]， \qquad (3-4)$$

$$\frac{P_{2C}}{r_{2C}} \in U[0，b]。 \qquad (3-5)$$

其中，a和b为正常数。因此，客户所使用的两种最优的在线个性化服务水平满足：

$$S_{1C}^* \in U\left[0, \frac{a}{2-K}\right], \tag{3-6}$$

$$S_{2C}^* \in U\left[0, \frac{b}{2-K}\right]。 \tag{3-7}$$

关于两种在线个性化服务的分布密度分别为：

$$U(S_{1C}^*) = \frac{2-K}{a}, \tag{3-8}$$

$$U(S_{2C}^*) = \frac{2-K}{b}。 \tag{3-9}$$

根据 P4C 比率的定义，对于给定的比率值都代表一种客户的具体需求特征。从客户的视角来看，企业提供最优的在线个性化服务水平 S_i^*，而客户使用最优的在线个性化服务水平 S_{iC}^*。为了刻画偏好信息披露风险关注下企业的利润函数，本章首先给出偏好信息披露风险关注下客户使用个性化服务水平的假设条件。

假设 3.5 当 $S_{iC}^* \leqslant S_i^*$（$i=1, 2$），客户只使用个人盈余最大的在线个性化服务水平。

当企业提供最优的在线个性化服务水平 S_i^*，而偏好信息披露风险非常敏感的客户只会在企业所提供的在线个性化服务中选择性地使用对他们效用最大的服务水平，因此这类客户对信息披露感知风险的关注力度较大[1]。他们不愿意更多地使用企业 1 提供的在线个性化服务，因为这样势必会披露更多的个人偏好信息。

假设 3.6 当 $S_{iC}^* > S_i^*$（$i=1, 2$），客户会使用更多企业提供的在线个性化服务水平。

这类客户所使用的盈余最大的在线个性化服务水平 S_{iC}^* 超出了企业提供的最优的在线个性化服务水平 S_i^*，因此，他们对个人信息披露感知风险的关注度较低[1]。他们更倾向于使用更多的在线个性化服务来满足个人的需求，进而他们会披露更多的偏好信息给企业 1。

因此，用 η_i（$i=1, 2$）表示企业 1 从在线个性化服务 S_i（$i=1, 2$）

中所获得到的客户偏好信息的边际价值。结合两类偏好信息披露感知风险敏感程度不同客户的界定，本章给出企业 1 提供两种在线个性化服务 S_1 和 S_2 的信息收益函数为

$$\Pi = \sum_{i=1}^{2} \eta_i \Big[\int_0^{S_i} S_{iC}^* U(S_{iC}^*) \, \mathrm{d}S_{iC}^* + \int_{S_i}^{\infty} S_i U(S_{iC}^*) \, \mathrm{d}S_{iC}^* \Big] 。 \quad (3-10)$$

值得注意的是，第一个积分式子 $\int_0^{S_i} S_{iC}^* U(S_{iC}^*) \, \mathrm{d}S_{iC}^*$ 揭示的是假设 3.5 中提到的客户处所获取到的偏好信息总量，这类客户对偏好信息披露感知风险关注程度相对较高。第二个积分式子 $\int_{S_i}^{\infty} S_i U(S_{iC}^*) \, \mathrm{d}S_{iC}^*$ 则揭示的是假设 3.6 中提到的客户处获取到的信息总量，而这类客户偏好信息披露感知风险关注程度较低，因此，这类客户通常会使用更多企业提供的个性化服务。

3.2.3　客户分类

在网络环境下，企业 1 为客户提供两种具有互补关系的在线个性化服务，而客户根据个人喜好或偏好有针对性地选择并使用这些个性化服务。为了将客户进行分类，本节先给出两个分类变量的定义。

定义 3.5　服务效用感知：是指客户对企业 1 提供的互补个性化服务所产生服务效用的感知。在个性化服务实现过程中，客户对企业 1 提供的互补个性化服务效用感知存在差异性，即某些客户明确知道互补在线个性化服务对自身服务感知的效用，而其余客户则是不明确的。

定义 3.6　服务认知：是指客户是否使用企业 1 提供互补个性化服务的认知程度。在个性化服务实现过程中，某些客户确知企业 1 会提供互补个性化服务，但其不会使用这些互补个性化服务，而是从其

他市场中寻求替代；而其余客户则对互补个性化服务是否提供不确知，但个性化系统设计的自解释性，他们又不得不使用这些互补个性化服务。因此，客户是否使用企业1提供互补个性化服务的认知也是异质的。

本节采用客户从企业1提供的互补个性化服务中所获得的效用$P_C S_2$（等于零或大于零）来表征客户的服务效用感知。用企业1提供互补个性化服务S_2等于零或大于零，来揭示客户是否使用互补个性化服务认知程度。因此，依据两个维度中服务效用感知和服务认知两类分类变量的不同取值，本节将市场中客户分为基本客户，潜在客户和战略客户三种类型，如图3-3所示。

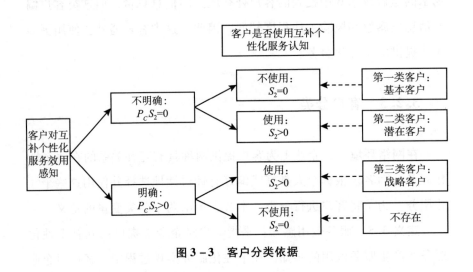

图3-3　客户分类依据

分别用下标BC、ZC、PC表示三类客户。用U_{BC}，U_{ZC}，U_{PC}分别表示基本客户、潜在客户及战略客户对应的个性化服务效用函数。值得注意的是，某些客户对互补个性化服务感知效用为正，他们又不使用这些服务，因此，这些客户是不存在的。

定义3.7　基本客户：是指客户对企业1提供的互补个性化服务

感知效用不明确（即 $P_C S_2 = 0$），而且只使用企业 1 提供的基本个性化服务 S_1（即 $S_1 > 0$，$S_2 = 0$），以求最大化个人效用。当客户浏览企业官网时，只对基本的个性化服务感兴趣，他们不愿意使用企业提供的互补个性化服务 S_2 或者从互补个性化服务 S_2 中得不到正效用。例如：客户使用在线银行提供的获取账户结余、下载交易清单、电子账户支付等基本服务 S_1，而像投资理财、证券、养老计划等互补个性化服务则不在其考虑范围之内，称这类客户为基本客户（basic customers）。

假设 3.7 基本客户的效用函数为 $U_{BC} = P_C S_1 - r_C S_1^2$。[1,4,63]

定义 3.8 潜在客户：是指客户即便从互补个性化服务 S_2 中获得零效用（即 $P_C S_2 = 0$），仍同时使用企业 1 提供的两种在线个性化服务 S_1 和 S_2（即 $S_1 > 0$，$S_2 > 0$）。相对于基本客户而言，潜在客户常常不能完全预期企业 1 是否将互补个性化服务 S_2 穿插在基本服务 S_1 中。在现实环境中，有些客户在使用企业 1 提供的基本服务 S_1 时，经常惊讶地发现很多企业 1 不断地推荐互补个性化服务。其次，很多在线系统设计是自解释性质的，只有当客户选择完基本服务 S_1 后，不得不继续浏览其互补个性化服务 S_2。这也就是很多客户明知道从互补个性化服务 S_2 中获得零效用，但他们不得不继续选择这些服务。此外，由于两种在线个性化服务之间本身存在的互补关系，促使服务间产生一定的溢出效应[216~219]。换句话说，当客户使用一种在线个性化服务时，另一种互补个性化服务会激发其潜在的需求，进而提升在线个性化服务的使用效率。这类客户称之为潜在客户（potential customers）。

假设 3.8 潜在客户的效用函数为 $U_{ZC} = P_C S_1 - r_C (S_1^2 - K S_1 S_2 + S_2^2)$。[215]

定义 3.9 战略客户：是指客户由于过去的浏览经历，或者在线搜索经验，能够预知企业 1 提供的两种在线个性化服务（即 $S_1 > 0$，

$S_2 > 0$），而且这些客户明确知道企业 1 提供的互补个性化服务感知效用（即 $P_C S_2 > 0$）。因此在进入企业 1 的官网或平台，有针对性地选择其提供的两种在线个性化服务 S_1 和 S_2，以求最大化他们的信息收益。那么，他们在使用这些在线个性化服务的同时，个人的需求偏好信息就泄露给了企业 1，称这类客户为战略客户（strategic customers）。

假设 3.9 战略客户的效用函数为 $U_{PC} = P_C(S_1 + S_2) - r_C(S_1^2 - KS_1 S_2 + S_2^2)$。[215]

根据三类客户的界定，用 α 表示同时使用在线个性化服务 S_1 和 S_2 的客户（即 $S_1 > 0$，$S_2 > 0$），则 $1 - \alpha$ 表示只使用在线个性化服务 S_1 的客户（即 $S_1 > 0$，$S_2 = 0$）。用 β 表示从互补个性化服务 S_2 获得零效用的客户（即 $P_C S_2 = 0$，$S_2 > 0$），则 $(1 - \beta)$ 表示从在线个性化服务 S_1 和 S_2 均获得正效用的客户（即 $P_C S_2 > 0$，$S_2 > 0$）。因此，$\alpha\beta$ 表示潜在客户分类，$(1 - \alpha)$ 表示基本客户分类，$\alpha(1 - \beta)$ 表示战略客户分类。表 3-1 给出具体分类及对应的客户效用函数。

表 3-1   客户分类及对应效用函数

客户分类	α 部分：$S_1 > 0$，$S_2 > 0$	$(1 - \alpha)$ 部分：$S_1 > 0$，$S_2 = 0$
β 部分： $P_C S_2 = 0$，$S_2 > 0$	$\alpha\beta$：潜在客户 效用函数： $U_{ZC} = P_C S_1 - r_C(S_1^2 - KS_1 S_2 + S_2^2)$	$(1 - \alpha)$：基本客户 效用函数：$U_{BC} = P_C S_1 - r_C S_1^2$
$(1 - \beta)$ 部分： $P_C S_2 > 0$，$S_2 > 0$	$\alpha(1 - \beta)$：战略客户 效用函数： $U_{PC} = P_C(S_1 + S_2) - r_C(S_1^2 - KS_1 S_2 + S_2^2)$	

用符号 $\eta_i(i = 1, 2)$ 表示企业 1 从所提供的在线个性化服务 $S_i(i = 1, 2)$ 所得到的信息边际价值。因此，当企业 1 提供两种互补关系的在线个性化服务 S_1 和 S_2，所获得的利润函数为

$$\Pi = \sum_{i=1}^{2} \eta_i \Big[\int_0^{S_i} S_{iC}^* U(S_{iC}^*) \, \mathrm{d}S_{iC}^* + \int_{S_i}^{\infty} S_i U(S_{iC}^*) \, \mathrm{d}S_{iC}^* \Big]。 \quad (3-11)$$

3.2.4 三种服务提供策略界定

针对上述三种客户分类来分别制定在线个性化服务提供策略,然而,客户与企业 1 之间存在重要的信息差异化性。企业无法准确预估三种客户的具体分类是多少,因而无法精准地提供相应的服务策略以求最大化获取客户的偏好信息。根据客户的分类及预期效用情况,首先定义三种服务提供策略:

定义 3.10 如果基本客户在信息市场中占主导地位,那么企业 1 仅提供基本个性化服务的策略称为基本服务提供策略(basic service offering strategy)。

定义 3.11 如果潜在客户在此信息市场中占主导地位,那么企业 1 提供两种互补的在线个性化服务的策略称为零效用服务策略(zero-utility complementary service offering strategy)。

定义 3.12 如果战略客户在此市场中占据主导地位,那么企业 1 提供两种互补的个性化服务的策略称为正效用服务策略(positive-utility complementary service offering strategy)。

3.3 在线个性化服务提供策略

本节分别从基本服务提供策略、正效用服务提供策略及零效用服务提供策略来分析企业 1 提供两种在线个性化服务的最优服务策略。用下标 *BS*、*PC*、*ZC* 分别表示基本服务提供策略、正效用服务提供策略和零效用服务提供策略。

3.3.1 基本服务提供策略

首先，考虑三种客户分类均存在，而基本客户主导市场的情况下，企业 1 只提供基本的在线个性化服务 S_1，来获得客户的偏好信息以使得其信息收益最大化。那么式（3 – 11）可以缩减为如下利润函数

$$\max_{S_1} \Pi_{BS} = \eta_1 \Big[\int_0^{S_1} S_{1C}^* U(S_{1C}^*) \mathrm{d} S_{1C}^* + \int_{S_1}^{\infty} S_1 U(S_{1C}^*) \mathrm{d} S_{1C}^* \Big] \text{。} (3 - 12)$$

由于三种客户分类同时存在，要满足这三类客户都使用企业 1 所提供的基本个性化服务 S_1，那必须使得偏好信息披露风险非常敏感客户获得正效用值，否则他们就会退出市场或者不再继续浏览网页。因此，三类客户必须满足如下的个人理性条件

$$U_{BC} = P_C S_1 - r_C S_1^2 \geq 0, \qquad\qquad (3 - 13)$$

$$U_{PC} = P_C S_1 - r_C S_1^2 \geq 0, \qquad\qquad (3 - 14)$$

$$U_{ZC} = P_C S_1 - r_C S_1^2 \geq 0 \text{。} \qquad\qquad (3 - 15)$$

为保证三种客户中每一个客户都能使用其最优在线个性化服务水平，进而披露对应的偏好信息，则必须满足如下的激励相容条件

$$S_1(P_C, r_C) \in \arg\max_{S_1}\{ P_C S_1 - r_C S_1^2 \} \text{。} \qquad (3 - 16)$$

命题 3.1 企业 1 只提供基本个性化服务 S_1 的情形下，最优在线个性化服务水平为 $S_{1-BS}^* = \dfrac{a}{2}$。企业 1 的最优利润为 $\Pi_{BS}^* = \dfrac{a\eta_1}{4}$。

证明：根据激励相容条件，对效用函数关于基本服务 S_1 求一阶偏导数，$\dfrac{\partial U}{\partial S_1} = P_C - 2r_C S_1 = 0$，得到客户使用的最优服务水平为

$$S_{1C-BC}^* = \dfrac{P_{1C}}{2r_{1C}} \text{。}$$

接下来，验证二阶条件，$\dfrac{\partial^2 U}{\partial S_1^2} = \dfrac{\partial}{\partial S_1}(P_C - 2r_C S_1) = -2r_C < 0$。因此，每个客户存在唯一的最优个性化服务水平 S_{1C-BC}^*。

根据本章模型假设 P4C 比率 $\dfrac{P_{1C}}{r_{1C}} \in U[0, a]$，那么客户所使用的最优的在线个性化服务水平满足均匀分布 $S_{1C}^* \in U[0, a/2]$。因此，密度函数为 $U(S_{1C}^*) = \dfrac{a}{2}$。企业 1 的利润函数为

$$\max_{S_1} \Pi_{BS} = \eta_1 \Big[\int_0^{S_1} S_{1C}^* U(S_{1C}^*) \, \mathrm{d}S_{1C}^* + \int_{S_1}^{\frac{a}{2}} S_1 U(S_{1C}^*) \, \mathrm{d}S_{1C}^* \Big]$$

$$= \eta_1 \Big(\dfrac{2}{a} \Big[\dfrac{1}{2}(S_{1C}^*)^2 \Big|_0^{S_1} + S_1 S_{1C}^* \Big|_{S_1}^{\frac{a}{2}} \Big] \Big)$$

$$= \eta_1 \Big(S_1 - \dfrac{S_1^2}{a} \Big) \tag{3-17}$$

对企业 1 的利润函数 Π_{BS} 关于基本个性化服务 S_1 求一阶偏导数，并令其等于零，

$$\dfrac{\partial \Pi_{BS}}{\partial S_1} = \eta_1 \Big(1 - \dfrac{2S_1}{a} \Big) = 0, \tag{3-18}$$

则得到企业 1 提供的最优在线个性化服务水平

$$S_{1-BS}^* = \dfrac{a}{2}。 \tag{3-19}$$

同样地，考虑二阶条件，

$$\dfrac{\partial^2 \Pi_{BS}}{\partial S_1^2} = -\dfrac{2\eta_1}{a} < 0。 \tag{3-20}$$

因此，存在唯一的最优在线个性化服务水平 S_{1-BS}^*。将 S_{1-BS}^* 代入企业 1 利润函数，得到最优的利润

$$\Pi_{BS}^* = \dfrac{a\eta_1}{4}。 \tag{3-21}$$

证毕。分析有限理性条件, 易知, 客户使用的最优在线个性化服务水平 S_{1C-BC}^* 等于企业 1 提供的最优基本服务水平 S_{1-BS}^*。在线个性化服务水平越高, 若客户参与进来, 使用的服务就会越多, 进而披露的偏好信息就会越多。因此, 三种客户分类中, 偏好信息披露风险非常敏感客户会退出市场, 而不使用企业 1 提供的较高的基本服务。从而得到如下命题:

命题 3.2 当企业 1 提供最优在线个性化服务 $S_{1-BS}^* = \dfrac{a}{2}$ 时, 其不能完全覆盖整个客户市场。

命题 3.2 表明, 当企业采用基本服务提供策略时, 客户使用的最优在线个性化服务水平等于企业提供的最优基本个性化服务水平, 即: $S_{1-BS}^* = S_{1C-BS}^*$。这就暗示, 基本服务提供策略会将偏好信息披露风险不太敏感的客户排除在市场之外, 因为企业所提供的最优基本个性化服务水平不能满足他们的需要。因此, 基本服务提供策略不能覆盖整个客户市场。

3.3.2 正效用服务提供策略

其次, 考虑三种客户分类都存在, 而战略客户主导市场的情形下, 企业 1 提供两种在线个性化服务 S_1 和 S_2 来使信息收益最大化, 根据式 (3-11), 其偏好信息利润函数为

$$\max_{S_1, S_2} \Pi_{PC} = \eta_1 \Big[\int \gamma_1 U(S_{1C}^*) \, \mathrm{d}S_{1C}^* \Big] + \eta_2 \Big[\int \gamma_2 U(S_{2C}^*) \, \mathrm{d}S_{2C}^* \Big].$$

$$(3-22)$$

为刻画三种客户分类及两种互补个性化服务溢出效应的影响, 用 γ_1 和 γ_2 分别来表示 S_1 和 S_2 对应的在线个性化服务需求。根据三种客户分类的定义, 则, $\gamma_1 = S_1 + \alpha S_2$, $\gamma_2 = \alpha(1-\beta) S_2 + \alpha S_1$。由于三

种客户分类均存在，要保证每个客户获得在线个性化服务效用非负，他们才会留在市场中，选择并使用企业 1 提供的在线个性化服务，否则，他们就退出了。因此，三种客户必须满足如下个人理性条件

$$U_{BC} = P_C S_1 - r_C S_1^2 \geqslant 0, \qquad (3-23)$$

$$U_{PC} = P_C(S_1 + S_2) - r_C(S_1^2 - KS_1S_2 + S_2^2) \geqslant 0, \qquad (3-24)$$

$$U_{ZC} = P_C S_1 - r_C(S_1^2 - KS_1S_2 + S_2^2) \geqslant 0。 \qquad (3-25)$$

对于每个客户参与进来，使用企业 1 提供的两种在线个性化服务 S_1 和 S_2，都会选择他们个人最优的在线个性化服务水平，因此，必须满足如下激励相容条件

$$(S_1, S_2) \in \arg\max_{S_1,S_2}\{P_C(S_1 + S_2) - r_C(S_1^2 - KS_1S_2 + S_2^2)\},$$

$$(3-26)$$

$$U_{PC} = P_C(S_1 + S_2) - r_C(S_1^2 - KS_1S_2 + S_2^2) \geqslant P_C S_1 - r_C S_1^2,$$

$$(3-27)$$

$$U_{ZC} = P_C S_1 - r_C(S_1^2 - KS_1S_2 + S_2^2) \geqslant P_C S_1 - r_C S_1^2。 \qquad (3-28)$$

命题 3.3 当企业 1 提供两种在线个性化服务 S_1 和 S_2，战略客户占主导地位时，企业 1 提供的两种最优在线个性化服务水平为

$$S_{1-PC}^* = \frac{a(\eta_1 + \alpha\eta_2)}{\eta_1(2-K)}, \quad S_{2-PC}^* = \frac{b[\eta_1 + (1-\beta)\eta_2]}{\eta_2(2-K)}。$$

企业 1 的最优利润为

$$\Pi_{PC}^* = \frac{a(\eta_1 + \alpha\eta_2)^2}{2(2-K)\eta_1} + \frac{\alpha(1+\beta)b[\eta_1 + (1-\beta)\eta_2]^2}{2(2-K)\eta_2}。$$

证明：由式（3-26），战略客户主导市场，关于在线个性化服务 S_1 和 S_2 分别求一阶偏导数，并令其分别等于零，则

$$\frac{\partial U_{SC}}{\partial S_1} = P_C - 2r_C S_1 + Kr_C S_2 = 0, \quad \frac{\partial U_{SC}}{\partial S_2} = P_C - 2r_C S_2 + Kr_C S_1 = 0,$$

$$(3-29)$$

易得，客户使用的最优在线个性化服务水平

$$S_{1C-PC}^* = \frac{P_{1C}}{(2-K)r_{1C}}, \ S_{2C-PC}^* = \frac{P_{2C}}{(2-K)r_{2C}}。 \qquad (3-30)$$

根据本章基本模型假设，P4C 率满足 $\frac{P_{1C}}{r_{1C}} \in U[0, a]$，$\frac{P_{2C}}{r_{2C}} \in U[0, b]$。那么

$$S_{1C-PC}^* \in U\left[0, \frac{a}{2-K}\right], \ S_{2C-PC}^* \in U\left[0, \frac{b}{2-K}\right]。 \qquad (3-31)$$

根据均匀分布特点，可知两种在线个性化服务的密度函数分别为

$$U(S_{1C}^*) = \frac{2-K}{a}, \ U(S_{2C}^*) = \frac{2-K}{b}。 \qquad (3-32)$$

将式（3-31）、式（3-32）代入式（3-11），企业 1 的利润函数可简化为

$$\max_{S_1,S_2} \Pi_{PC} = \eta_1 \left[\left(\int_0^{S_1} S_{1C}^* U(S_{1C}^*) \mathrm{d}S_{1C}^* + \int_{S_1}^{\frac{a}{2-K}} S_1 U(S_{1C}^*) \mathrm{d}S_{1C}^* \right) + \int_0^{\frac{a}{2-K}} \alpha K S_2 U(S_{1C}^*) \mathrm{d}S_{1C}^* \right] +$$

$$\eta_2 \left[\alpha(1-\beta) \left(\int_0^{S_2} S_{2C}^* U(S_{2C}^*) \mathrm{d}S_{2C}^* + \int_{S_2}^{\frac{b}{2-K}} S_2 U(S_{2C}^*) \mathrm{d}S_{2C}^* \right) + \right.$$

$$\left. \int_0^{\frac{b}{2-K}} \alpha K S_1 U(S_{2C}^*) \mathrm{d}S_{2C}^* \right]$$

$$= \eta_1 \left[\left(S_1 - \frac{(2-K)S_1^2}{2a} \right) + \alpha S_2 \right] +$$

$$\eta_2 \left[\alpha(1-\beta) \left(S_2 - \frac{(2-K)S_2^2}{2b} \right) + \alpha S_1 \right] \qquad (3-33)$$

对利润函数 Π_{PC} 关于 S_1 和 S_2 分别求一阶偏导数，并分别令其为零，可得：

$$\frac{\partial \Pi_{PC}}{\partial S_1} = \eta_1 \left[1 - \frac{(2-K)S_1}{a} \right] + \alpha \eta_2 = 0 \qquad (3-34)$$

$$\frac{\partial \Pi_{PC}}{\partial S_2} = \alpha(1-\beta)\eta_2 \left[1 - \frac{(2-K)S_2}{b} \right] + \alpha \eta_1 = 0 \qquad (3-35)$$

对式（3-34）、式（3-35）求关于 S_1 和 S_2 的方程组，易得企业 1 提供的两种最优在线个性化服务水平

$$S_{1-PC}^* = \frac{a(\eta_1 + \alpha\eta_2)}{\eta_1(2-K)}, \quad S_{2-PC}^* = \frac{b[\eta_1 + (1-\beta)\eta_2]}{\eta_2(2-K)} 。 \quad (3-36)$$

接下来需要考虑利润函数 Π_{PC} 是否在 (S_{1-PC}^*, S_{2-PC}^*) 点处取得最大值，还需要验证海森矩阵。海森矩阵为

$$H = \begin{bmatrix} \dfrac{\partial^2 \Pi_{PC}}{\partial S_1^2} & \dfrac{\partial^2 \Pi_{PC}}{\partial S_1 \partial S_2} \\[2ex] \dfrac{\partial^2 \Pi_{PC}}{\partial S_2 \partial S_1} & \dfrac{\partial^2 \Pi_{PC}}{\partial S_2^2} \end{bmatrix} 。 \quad (3-37)$$

计算可得

$$\frac{\partial^2 \Pi_{PC}}{\partial S_1^2} = \frac{\partial}{\partial S_1}\left[\eta_1\left(1 - \frac{(2-K)S_1}{a}\right) + \alpha\eta_2\right] = -\frac{(2-K)\eta_1}{a} < 0,$$

$$(3-38)$$

$$\frac{\partial^2 \Pi_{PC}}{\partial S_2^2} = \frac{\partial}{\partial S_2}\left[\alpha(1-\beta)\eta_2\left(1 - \frac{(2-K)S_2}{b}\right) + \alpha\eta_1\right] = -\frac{\alpha(1-\beta)(2-K)\eta_2}{b} < 0,$$

$$(3-39)$$

$$\frac{\partial^2 \Pi_{PC}}{\partial S_1 \partial S_2} = \frac{\partial^2 \Pi_{PC}}{\partial S_2 \partial S_1} = 0 。 \quad (3-40)$$

因此，由式（3-38）、式（3-39）、式（3-40）可知，海森矩阵

$$H = \frac{\partial^2 \Pi_{PC}}{\partial S_1^2}\frac{\partial^2 \Pi_{PC}}{\partial S_2^2} - \frac{\partial^2 \Pi_{PC}}{\partial S_1 \partial S_2}\frac{\partial^2 \Pi_{PC}}{\partial S_2 \partial S_1}$$

$$= \frac{\alpha(1-\beta)(2-K)^2 \eta_1\eta_2}{ab} > 0 \quad (3-41)$$

为负定矩阵。那么企业 1 利润函数在 (S_{1-PC}^*, S_{2-PC}^*) 点出取得极大值。S_{1-PC}^* 和 S_{2-PC}^* 为企业 1 提供的最优在线个性化服务水平。将式（3-36）代入利润函数 Π_{PC}，可得最优利润为

$$\Pi_{PC}^* = \frac{a\,(\eta_1 + \alpha\eta_2)^2}{2(2-K)\eta_1} + \frac{\alpha(1+\beta)b\,[\,\eta_1 + (1-\beta)\eta_2\,]^2}{2(2-K)\eta_2}。$$

$$(3-42)$$

证毕。由命题 3.3，对上述均衡结果进行比较静态分析，如表 3-2 所示。

表 3-2   正效用服务提供策略下的比较静态分析

参数	S_{1-PC}^*	S_{2-PC}^*
η_1	$-$	$+$
η_2	$+$	$-$
α	$+$	
β		$-$
K	$+$	$+$

注：表中"$+$"表示函数一阶偏导数为正；"$-$"表示函数一阶偏导数为负。

由表 3-2 可知，正效用服务提供策略的均衡中，最优的基本个性化服务水平（S_{1-PC}^*）递减于信息边际价值（η_1）。而最优的基本个性化服务水平（S_{1-PC}^*）随着信息边际价值（η_2）的增加而增加。此外，最优的基本个性化服务水平（S_{1-PC}^*）递增于客户分割（α），且随着两种产品互补度（K）的增加而增加。相反地，最优的互补个性化服务水平（S_{2-PC}^*）递增于边际价值（η_1），而递减于信息边际价值（η_2）。最优的互补个性化服务水平（S_{2-PC}^*）随着客户分割（β）的增加而降低，且随着互补度（K）的增加而增加。

3.3.3　零效用服务提供策略

最后，考虑当三种客户分类都存在，而潜在客户主导市场时，企业 1 提供两种在线个性化服务 S_1 和 S_2 来获取客户偏好信息，使得偏好信息收益最大化，根据式（3-11），其利润函数为

$$\max_{S_1,S_2} \Pi_{ZC} = \eta_1 \left[\int \gamma_1 U(S_{1C}^*) \mathrm{d}S_{1C}^* \right] + \eta_2 \left[\int \gamma_2 U(S_{2C}^*) \mathrm{d}S_{2C}^* \right]。$$

$$(3-43)$$

其中，$\gamma_1 = S_1 + \alpha S_2$，$\gamma_2 = \alpha(1-\beta)S_2 + \alpha S_1$。

要使得三种客户分类中每个客户都参与互动，使用企业 1 提供的两种在线个性化服务，必须满足如下的个人理性条件

$$U_{BC} = P_C S_1 - r_C S_1^2 \geqslant 0，\qquad (3-44)$$

$$U_{PC} = P_C(S_1 + S_2) - r_C(S_1^2 - KS_1S_2 + S_2^2) \geqslant 0，\qquad (3-45)$$

$$U_{ZC} = P_C S_1 - r_C(S_1^2 - KS_1S_2 + S_2^2) \geqslant 0。\qquad (3-46)$$

由于潜在客户主导市场，他们从利己角度出发，使用使其服务效用最大化的在线个性化服务水平，则必须满足如下的激励相容条件

$$(S_1, S_2) \in \arg\max_{S_1,S_2} \{ P_C S_1 - r_C(S_1^2 - KS_1S_2 + S_2^2) \}，\qquad (3-47)$$

$$U_{PC} = P_C(S_1 + S_2) - r_C(S_1^2 - KS_1S_2 + S_2^2) \geqslant P_C S_1 - r_C S_1^2，$$

$$(3-48)$$

$$U_{ZC} = P_C S_1 - r_C(S_1^2 - KS_1S_2 + S_2^2) \geqslant P_C S_1 - r_C S_1^2。\qquad (3-49)$$

命题 3.4 当企业 1 提供两种在线个性化服务 S_1 和 S_2，潜在客户占主导市场时，企业 1 提供的两种最优在线个性化服务水平为

$$S_{1-ZC}^* = \frac{2a(\eta_1 + \alpha\eta_2)}{\eta_1(4-K^2)}，\quad S_{2-ZC}^* = \frac{2Kb[\eta_1 + (1-\beta)\eta_2]}{\eta_2(4-K^2)}。$$

企业 1 获得的最优利润为

$$\Pi_{ZC}^* = \frac{a(\eta_1 + \alpha\eta_2)^2}{(4-K^2)\eta_1} + \frac{\alpha(1+\beta)Kb[\eta_1 + (1-\beta)\eta_2]^2}{(4-K^2)\eta_2}。$$

证明：根据式（3-45），分别关于在线个性化服务 S_1 和 S_2 求一阶偏导数，可得客户使用的最优在线个性化服务水平为

$$S_{1C-BRC}^* = \frac{2P_{1C}}{(4-K^2)r_{1C}}，\quad S_{2C-BRC}^* = \frac{KP_{2C}}{(4-K^2)r_{2C}}。\qquad (3-50)$$

根据本章基本模型假设，P4C 率满足 $\dfrac{P_{1C}}{r_{1C}} \in U[0, a]$，$\dfrac{P_{2C}}{r_{2C}} \in U[0, b]$，那么，客户使用的最优在线个性化服务水平 S_{1C-BRC}^* 和 S_{2C-BRC}^* 服从均匀分布

$$S_{1C-BRC}^* \in U\left[0, \frac{2a}{4-K^2}\right], \quad S_{2C-BRC}^* \in U\left[0, \frac{Kb}{4-K^2}\right]。 \quad (3-51)$$

密度函数分别为

$$U(S_{1C}^*) = \frac{4-K^2}{2a}, \quad U(S_{2C}^*) = \frac{4-K^2}{Kb}。 \quad (3-52)$$

企业 1 关于客户偏好信息的利润函数可简化为：

$$\max_{S_1,S_2}\Pi_{ZC} = \eta_1\left[\left(\int_0^{S_1} S_{1C}^* U(S_{1C}^*)dS_{1C}^* + \int_{S_1}^{\frac{2a}{4-K^2}} S_1 U(S_{1C}^*)dS_{1C}^*\right) + \int_0^{\frac{2a}{4-K^2}} \alpha S_2 U(S_{1C}^*)dS_{1C}^*\right] +$$

$$\eta_2\left[\alpha(1-\beta)\left(\int_0^{S_2} S_{2C}^* U(S_{2C}^*)dS_{2C}^* + \int_{S_2}^{\frac{Kb}{4-K^2}} S_2 U(S_{2C}^*)dS_{2C}^*\right) + \right.$$

$$\left. \int_0^{\frac{Kb}{4-K^2}} \alpha S_1 U(S_{2C}^*)dS_{2C}^*\right]$$

$$= \eta_1\left[\left(S_1 - \frac{(4-K^2)S_1^2}{4a}\right) + \alpha S_2\right] +$$

$$\eta_2\left[\alpha(1-\beta)\left(S_2 - \frac{(4-K^2)S_2^2}{4Kb}\right) + \alpha S_1\right] \quad (3-53)$$

对利润函数 Π_{ZC} 关于两种在线个性化服务 S_1 和 S_2 求一阶偏导数，并令其分别等于零。可得：

$$\frac{\partial \Pi_{ZC}}{\partial S_1} = \eta_1\left[1 - \frac{(4-K^2)S_1}{2a}\right] + \alpha\eta_2 = 0, \quad (3-54)$$

$$\frac{\partial \Pi_{ZC}}{\partial S_2} = \alpha(1-\beta)\eta_2\left[1 - \frac{(4-K^2)S_2}{2Kb}\right] + \alpha\eta_1 = 0。 \quad (3-55)$$

通过计算式（3-52）和式（3-53）关于 S_1 和 S_2 的方程组，可

得企业 1 提供的两种最优在线个性化服务水平为

$$S_{1-zc}^* = \frac{2a(\eta_1 + \alpha\eta_2)}{\eta_1(4 - K^2)}, \quad S_{2-zc}^* = \frac{2Kb[\eta_1 + (1-\beta)\eta_2]}{\eta_2(4 - K^2)}。 \quad (3-56)$$

同样地，需要考虑利润函数 Π_{zc} 是否在 (S_{1-zc}^*, S_{2-zc}^*) 点处取得最大值，还需要验证海森矩阵。海森矩阵为

$$H = \begin{bmatrix} \dfrac{\partial^2 \Pi_{zc}}{\partial S_1^2} & \dfrac{\partial^2 \Pi_{zc}}{\partial S_1 \partial S_2} \\[3mm] \dfrac{\partial^2 \Pi_{zc}}{\partial S_2 \partial S_1} & \dfrac{\partial^2 \Pi_{zc}}{\partial S_2^2} \end{bmatrix}。 \quad (3-57)$$

通过计算，易得

$$\frac{\partial^2 \Pi_{zc}}{\partial S_1^2} = \frac{\partial}{\partial S_1}\left[\eta_1\left(1 - \frac{(4-K^2)S_1}{2a}\right) + \alpha\eta_2 \right] = -\frac{(4-K^2)\eta_1}{2a} < 0,$$
$$(3-58)$$

$$\frac{\partial^2 \Pi_{zc}}{\partial S_2^2} = \frac{\partial}{\partial S_2}\left[\alpha(1-\beta)\eta_2\left(1 - \frac{(4-K^2)S_2}{2Kb}\right) + \alpha\eta_1 \right]$$
$$= -\frac{\alpha(1-\beta)(4-K^2)\eta_2}{2Kb} < 0, \quad (3-59)$$

$$\frac{\partial^2 \Pi_{zc}}{\partial S_1 \partial S_2} = \frac{\partial^2 \Pi_{zc}}{\partial S_2 \partial S_1} = 0。 \quad (3-60)$$

根据式（3-58）、式（3-59）、式（3-60），计算海森矩阵

$$H = \frac{\partial^2 \Pi_{zc}}{\partial S_1^2}\frac{\partial^2 \Pi_{zc}}{\partial S_2^2} - \frac{\partial^2 \Pi_{zc}}{\partial S_1 \partial S_2}\frac{\partial^2 \Pi_{zc}}{\partial S_2 \partial S_1}$$
$$= \frac{\alpha(1-\beta)(4-K^2)\eta_1\eta_2}{2Kab} > 0。 \quad (3-61)$$

因此，海森矩阵是负定矩阵，在 (S_{1-zc}^*, S_{2-zc}^*) 点处取得最大值。S_{1-zc}^* 和 S_{2-zc}^* 为企业 1 提供的两种最优在线个性化服务水平。

将式（3-55）及式（3-56）代入利润函数 Π_{zc}，很快得到企业最优利润为

$$\Pi_{ZC}^* = \frac{a\,(\eta_1 + \alpha\eta_2)^2}{(4 - K^2)\,\eta_1} + \frac{\alpha(1 + \beta)\,Kb\,[\,\eta_1 + (1 - \beta)\,\eta_2\,]^2}{(4 - K^2)\,\eta_2}\,。$$

$$(3-62)$$

证毕。由命题3.4，对上述均衡结果进行比较静态分析，如表3-3所示。

表 3 – 3   零效用服务提供策略下的比较静态分析

参数	S_{1-ZC}^*	S_{2-ZC}^*
η_1	–	+
η_2	+	–
α	+	
β		–
K	+	+

注：表中"＋"表示函数一阶偏导数为正；"－"表示函数一阶偏导数为负。

表3-3表明，零效用服务提供策略的均衡中，最优的基本个性化服务水平（S_{1-ZC}^*）递减于信息边际价值（η_1），递增于信息边际价值（η_2）。最优的基本个性化服务水平（S_{1-ZC}^*）随着客户分割（α）的增大而增大，随着对应产品互补度（K）的增加而增大。此外，最优的互补个性化服务水平（S_{2-ZC}^*）随着信息边际价值（η_1）的增大而增加，随着信息边际价值（η_2）的增加而减小。最优的互补个性化服务水平（S_{2-ZC}^*）递减于客户分割（β），但递增于对应产品的互补度（K）。

3.4　企业的最优决策

上文系统分析了三种服务提供策略，并给出了均衡中的最优策略。本节开始探讨关键变量对正效用服务提供策略的影响。

命题3.5 企业1采用正效用服务提供策略，当且仅当信息边际价值满足

$$\frac{\eta_2}{\eta_1} \leqslant \frac{2+K}{2\beta + K\beta - 2}。$$

由命题3.3可知，为了确保正效用个性化服务提供策略覆盖所有三种客户分类，那么，企业1提供的最优在线个性化服务水平必须大于等于基本服务策略和零效用服务策略中客户所使用最优在线个性化服务水平的上限值，即：

$$S_{1-PC}^* \geqslant \max\{S_{1C-BSC}^*\}, \qquad (3-63)$$

$$S_{1-PC}^* \geqslant \max\{S_{1C-ZC}^*\}, \qquad (3-64)$$

$$S_{2-PC}^* \geqslant \max\{S_{2C-ZC}^*\}, \qquad (3-65)$$

根据命题3.1，命题3.3和命题3.4，可得到不等式组

$$\begin{cases} \dfrac{a}{2} \leqslant \dfrac{a(\eta_1 + \alpha\eta_2)}{\eta_1(2-K)} \\[4mm] \dfrac{2a}{4-K^2} \leqslant \dfrac{a(\eta_1 + \alpha\eta_2)}{\eta_1(2-K)} \\[4mm] \dfrac{Kb}{4-K^2} \leqslant \dfrac{b[\eta_1 + (1-\beta)\eta_2]}{\eta_2(2-K)} \end{cases}, \qquad (3-66)$$

求解上述不等式组，得到 $\dfrac{\eta_2}{\eta_1} \leqslant \dfrac{2+K}{2\beta + K\beta - 2}$。因此，命题3.5得证。

命题3.5给出了企业采用正效用服务提供策略必须满足的充分必要条件。两种个性化服务所获取到客户偏好信息的边际价值的比值小于 $\dfrac{2+K}{2\beta + K\beta - 2}$ 时，企业采用正效用服务提供策略，则可以覆盖整个客户市场。反之亦然。

命题3.6 当企业1采用零效用服务提供策略，当且仅当信息边际价值满足

$$\frac{K}{2\alpha}\leqslant\frac{\eta_2}{\eta_1}\leqslant\frac{2K}{2-K+2K\beta}。$$

证明：接下来考虑企业采用零效用服务提供策略的充分必要条件。同理，为了确保零效用服务提供策略涵盖三种客户分类，企业 1 提供的最优在线个性化服务水平必须大于等于基本服务提供策略和正效用服务提供策略中客户使用的最优在线个性化服务水平，即要满足

$$S_{1-ZC}^*\geqslant\max\{S_{1C-BSC}^*\}, \tag{3-67}$$

$$S_{1-ZC}^*\geqslant\max\{S_{1C-PC}^*\}, \tag{3-68}$$

$$S_{2-ZC}^*\geqslant\max\{S_{2C-PC}^*\}。 \tag{3-69}$$

根据命题 3.1，命题 3.3 和命题 3.4，求解不等式组

$$\begin{cases} \dfrac{a}{2}\leqslant\dfrac{2a(\eta_1+\alpha\eta_2)}{\eta_1(4-K^2)} \\[3mm] \dfrac{a}{2-K}\leqslant\dfrac{2a(\eta_1+\alpha\eta_2)}{\eta_1(4-K^2)} \\[3mm] \dfrac{b}{2-K}\leqslant\dfrac{2Kb[\eta_1+(1-\beta)\eta_2]}{\eta_2(4-K^2)} \end{cases}, \tag{3-70}$$

得到 $\dfrac{K}{2\alpha}\leqslant\dfrac{\eta_2}{\eta_1}\leqslant\dfrac{2K}{2-K+2K\beta}$。反之亦然。因此，命题 3.6 得证。

命题 3.6 表明，企业 1 提供的两种在线个性化服务对应的信息边际价值满足 $\dfrac{\eta_2}{\eta_1}\in\left[\dfrac{K}{2\alpha}, \dfrac{2K}{2-K+2K\beta}\right]$ 时，企业采用零效用服务提供策略最优，且零效用服务提供策略能完全覆盖整个客户市场。

上文给出了企业采用正效用服务提供策略和零效用服务提供策略的充分必要条件，然而，在企业管理实践中，市场中基本客户、潜在客户和战略客户并非严格以某种客户为主导，而是动态变化的，即：随着客户分类变量 α，β 的变化而变化。当三种客户分类变量 α，β 发生变化时，企业应该如何调整在线个性化服务提供策略？为应对由客户的组成结构变化而引发的服务提供策略调整问题，接下来，通过

三种服务提供策略中最优在线个性化服务水平，分析三种客户分类变量 α，β 动态变化时，企业 1 提供基本服务策略、正效用服务策略及零效用服务策略具体条件。

命题 3.7 企业 1 面对三种客户分类 α，$\beta \in (0, 1)$ 及提供差异化的最优在线个性化服务 S_1 和 S_2，其获得的客户偏好信息边际价值比率 $\dfrac{\eta_2}{\eta_1} \in \mathbb{R}^+$，则

（1）企业 1 采用基本服务提供策略，当且仅当 $\alpha \in \left(0, \dfrac{K\eta_1}{2\eta_2}\right]$；

（2）企业 1 提供零效用服务提供策略，当且仅当 $\alpha \in \left(\dfrac{K\eta_1}{2\eta_2}, 1\right)$ 和 $\beta \in \left(0, \dfrac{\eta_1}{\eta_2} + \dfrac{K-2}{2K}\right]$；

（3）企业 1 提供正效用服务提供策略，当且仅当 $\beta \in \left(\dfrac{\eta_1}{\eta_2} + \dfrac{K-2}{2K}, \dfrac{\eta_1}{\eta_2} + \dfrac{2}{2+K}\right]$；

（4）当 $\beta \in \left(\dfrac{\eta_1}{\eta_2} + \dfrac{2}{2+K}, 1\right)$，企业 1 不提供在线个性化服务。

命题 3.7 表明，在企业现实中，纯粹的基本服务提供策略、纯粹的正效用服务提供策略、纯粹的零效用服务提供策略只是三种特殊的情境，一般是无法采用的。命题 3.7 通过分析比较三种服务提供策略中最优在线个性化服务水平，根据客户组成结构的变化，得到了上述组合服务提供策略。这种组合服务提供策略可以有效地补充三种纯服务提供策略所存在的不足，为企业实施和制定个性化服务策略提供理论指导。此外，值得注意的是，当客户分割 β 较大时，企业 1 将不服务于该市场，原因是市场中潜在客户居多时，企业提供两种在线个性化服务很难获得客户偏好信息。图 3-4 给出了企业 1 的最优决策空间。

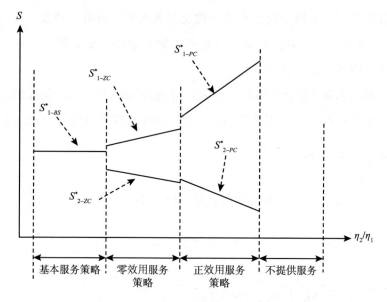

图 3 - 4 企业 1 的最优决策空间

图 3-4 表明，当客户偏好信息边际价值比率处于较低水平时，企业采用基本服务提供策略；当边际价值比率处于中等水平时，企业采用零效用服务提供策略；当边际价值比率处于较高水平时，企业则采用正效用服务提供策略。但边际价值比率超过既定阈值后，企业则不提供在线个性化服务。

3.5 算 例 分 析

本节开始通过算例分析来探讨模型的影响及所得结论的含义。算例研究主要包括信息边际价值、潜在客户分类及互补度三个方面。算例分析一方面可以验证本章的研究结论，另一方面为后续研究提供更多有趣的管理意义。

3.5.1 信息边际价值

建立在三种最优的在线个性化服务提供策略基础上，本节采用算例研究检查客户偏好信息的边际价值对两种最优在线个性化服务提供策略的影响。如图 3 - 5 所示。

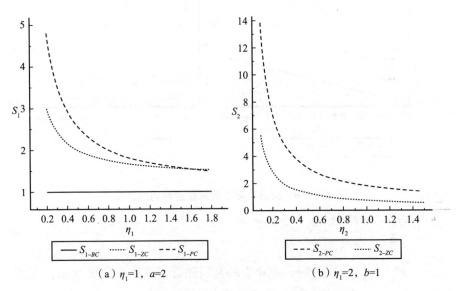

（a）η_1=1，a=2　　　　　　（b）η_1=2，b=1

图 3 - 5　客户偏好信息边际价值对均衡服务的影响

注：其中 $K = 0.5$；$\alpha = 0.25$；$\beta = 0.3$。

图 3 - 5（a）表明，在正效用服务提供策略和零效用服务提供策略下，固定信息边际价值（η_2），企业最优的基本个性化服务水平随着信息边际价值（η_1）的增加而递减。图 3 - 5（b）表明，当固定信息边际价值（η_1），企业提供的最优互补个性化服务水平则随着信息边际价值（η_2）的增加而递减。此外，图 3 - 5 还表明，在正效用服务提供策略下，企业 1 提供的最优的基本个性化服务水平和互补个

性化服务水平均大于零效用服务提供策略下的在线个性化服务水平。接下来采用算例研究分析客户偏好信息边际价值对两种服务提供策略下企业利润的影响。如图 3－6 所示。

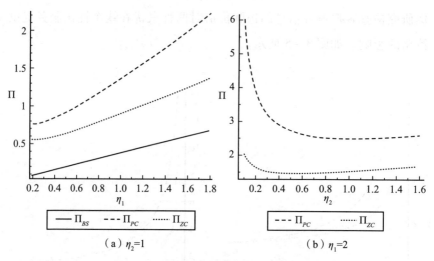

图 3－6　信息边际价值对企业利润的影响

注：其中 $a=2$；$b=1$；$K=0.5$；$\alpha=0.25$；$\beta=0.3$。

图 3－6（a）表明，企业 1 的利润随着信息边际价值（η_1）的增加而增加。企业 1 在正效用服务提供策略下获得的利润高于零效用服务提供策略下的利润，且都高于基本服务提供策略下的利润。这就暗示，当企业 1 提供两种在线个性化服务给客户时，企业可以获得更高的客户偏好信息利润。图 3－6（b）表明，企业 1 的信息利润随着信息边际价值（η_2）的增加，开始递减，然后开始增加。

3.5.2　客户分类

由于三种客户分类的存在，那么潜在客户分类如何影响企业提供两种在线个性化服务提供策略，本节采用数值算例验证分析三种客户分割对企业 1 利润的影响。首先，固定客户分割（$\beta = 0.3$），图 3 – 7 给出客户分割 α 对企业 1 在三种服务提供策略下利润的影响。

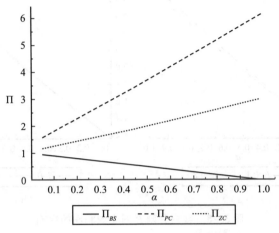

图 3 – 7　客户分割 α 对企业利润的影响

注：其中 $\eta_1 = 2$；$\eta_2 = 1$；$a = 2$；$b = 1$；$K = 0.5$；$\beta = 0.3$。

图 3 – 7 表明，随着客户分割 α 的增加，市场中客户对两种在线个性化服务需求也不断增大，这就是促使企业 1 不断提升两种在线个性化服务水平，以满足客户的需要。因此，在正效用服务提供策略和零效用服务提供策略情形下，企业利润递增于客户分割（α）。值得注意的是，在基本服务提供策略情形下，企业提高两种在线个性化服务水平，偏好信息披露风险感知成本较高的客户将退出市场，从而导致基本服务提供策略下的企业利润不断减少。

图 3 – 8 表明，在正效用服务提供策略和零效用服务提供策略下，对任意固定的客户分割 α，提高客户分割 β 的值，企业利润反而降低。这也暗示，企业 1 必须提供提高两种最优在线个性化服务

水平，以求从战略客户那里获取更多的客户偏好信息，进而提升其信息利润。

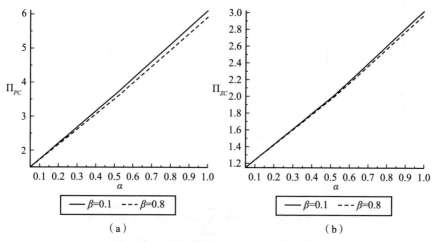

（a）　　　　　　　　　　　　（b）

图 3 - 8　客户分割 β 对企业利润的影响

注：其中 $\eta_1 = 2$；$\eta_2 = 1$；$a = 2$；$b = 1$；$K = 0.5$；$\beta \in \{0.1,\ 0.8\}$。

3.5.3　互补度

除了信息边际价值、客户分割，最优在线个性化服务水平和企业利润还取决于互补度。接下来通过算例研究分析互补度的影响。

图 3 - 9 表明，企业 1 提供的两种最优在线个性化服务水平都随着互补度（K）的增大而提高。且在正效用服务提供策略下的最优在线个性化服务水平高于零效用服务提供策略下的服务水平。

图 3 - 10 表明，企业 1 的利润也随着互补度增大而增加。此外，正效用服务提供策略下的最优利润高于零效用服务提供策略下的利润。

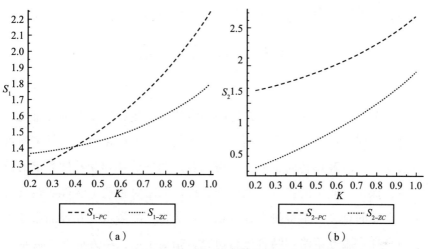

（a）　　　　　　　　　　　　（b）

图 3 - 9　互补度对两种在线个性化服务水平的影响

注：$\eta_1 = 2$；$\eta_2 = 1$；$a = 2$；$b = 1$；$\alpha = 0.25$；$\beta = 0.3$。

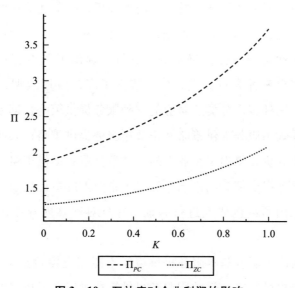

图 3 - 10　互补度对企业利润的影响

注：$\eta_1 = 2$；$\eta_2 = 1$；$a = 2$；$b = 1$；$\alpha = 0.25$；$\beta = 0.3$。

3.6 本 章 小 结

在个性化服务环境下，先进的网络技术一定程度上削减了企业1与客户之间的信息差异化。而且，有效的在线个性化服务提供策略可以将议价力由客户转向企业。考虑到客户偏好信息和互补性需求的重要性，探讨企业1的在线个性化服务提供策略对企业1管理实践具有十分重要的意义。本章研究在理论上首次将产品需求和互补品服务需求与个性化服务策略相结合进行研究，拓展了以往单方面服务需求的研究，在实践上为研究客户互补性需求和客户在线行为提供了分析依据和理论指导。

本章构建了一个经济学模型，用来分析三种最优的在线个性化服务提供策略及其影响机理。首先，依据客户对互补个性化服务效用感知和互补个性化服务提供确知的差异性，提出了基本客户、潜在客户、战略客户三种客户分类，分别建立了客户效用模型；在此基础上，定义了三种客户分类所对应的三种服务提供策略，即基本服务提供策略、零效用服务提供策略及正效用服务提供策略；其次，通过对模型的均衡分析，得出了企业1的三种最优服务提供策略；再次，分析了三种服务提供策略的影响，提出了企业1的最优决策。最后，对研究结论采用了算例研究进行验证，并且对本章内容作出了总结和讨论。

研究结论表明，基本服务提供策略不能完全覆盖整个客户市场。正效用服务提供策略和零效用服务提供策略可以获得更多的客户偏好信息，从而使企业所获得的信息利润高于基本服务提供策略的情形。企业采用哪种在线个性化服务策略取决于两种服务所获取到信息边际价值的比值。此外，当三种客户分类都存在的情况下，企业选择在线

个性化服务策略要根据具体客户分类数量才能确定。因此，对于企业
1 利用在线个性化服务来获取客户偏好信息，提供了非常有价值的管
理视角。一方面，没有客户行为监管，以及没有收取客户任何服务费
用，任何复杂的服务提供策略并不能保证企业 1 获取到更多的客户偏
好信息或更高的信息收益。例如：上文提到的网上银行和 BMW 均采
用正效用服务策略，来最大限度地获取客户偏好信息。另一方面，企
业 1 与客户之间的信息不对称加剧了在线个性化服务的提供难度。如
果网上银行和 BMW 能准确地获取到客户分类数量或分布，可以按照
服务组合策略，有针对性地设计和提供个性化服务，不仅可以达到获
取信息的目的，还能提升客户满意度。

　　作为企业 1 而言，应该仔细辨识两种在线个性化服务的关键影响
因素，同时探索新的激励措施（如优惠券，coupons）来获取客户更
多有价值的偏好信息。对于潜在客户存在的信息市场，企业 1 应该提
供正效用服务提供策略，这样会产生更高的信息溢出效应。本章研究
为企业 1 利用在线个性化服务来获取客户偏好信息提供了重要的向导
作用。

4　不同定价方式下在线个性化服务提供策略研究

随着 Web2.0 和网络技术的不断发展，先进的网络技术为企业 1 提供了新的渠道来获取客户偏好信息。正如上一章研究所指出的，企业 1 提供两种具有互补关系的在线个性化服务，而且在三种客户分类都存在的情况下，正效用服务提供策略可以获得更高的信息收益。换言之，若企业 1 提供两种在线个性化服务给客户，可以从客户那里获取到更多偏好信息。

许多新兴的中小企业由于品牌知名度、专业程度和资源匮乏，创建初始没有很好的客户信息积累，进而无法进行全新的产品设计和改良，以最大限度地满足客户的满意度。此外，这些企业要想建立完善和全新的互动平台来与客户沟通进而获取客户偏好信息，而且客户不情愿去这些非知名的信息平台参与互动或交易，因此对于这些企业想要获取到客户偏好信息基本上是不可能实现的。同时要建立这样的信息平台需要巨大的一次性投入成本，这使得很多中小企业望而却步。他们通常还是采用传统的信息获取方式，诸如邮件、电话、传真等方式来获取客户偏好信息。

由于信息技术的发展，在线个性化服务技术为这些中小企业提供了新的客户偏好信息获取方式和渠道。例如①，为客户提供互动体验

---

① 私享互动－卡萨帝官网．https：//www.casarte.com/club/private/.

专区，作为家电领导者的海尔同时提供家电及家装的个性化服务，当客户参与互动时将客户个人偏好披露给了海尔。如果这些做家庭装修装饰的中小企业，支付一定的费用给海尔，而通过海尔提供的家装在线个性化服务来间接获得到客户的偏好信息。这对于两个企业是一种双赢的局面。再比如①（real estate）很难知道某区域内客户购房租房及户型要求的偏好信息，然而，房产中介便很容易获取到这些客户偏好信息，如果开发商支付给中介部分服务费用，房产中介将购房偏好信息共享给开发商，进而实现双方的共赢。

基于此，本章考虑了两个互补企业。企业1在其官网或门户上提供两种具有互补关系的在线个性化服务与客户进行互动，来获取客户偏好信息。其互补企业2通过支付一定的费用给企业1，利用企业1提供的互补个性化服务来得到所需的客户偏好信息。互补企业2采用一次性固定费用定价（fixed-fee pricing）和基于互补个性化服务率的可变费用定价（variable-fee pricing）方式从企业1处得到这些客户偏好信息。本章构建了一个客户关于在线个性化服务和偏好信息的经济模型，来探讨互补企业间的信息交易。通过对经济模型的分析来研究企业1最优的服务提供策略以及不同定价方式对服务提供策略的经济影响及意义。

4.1 研究过程设计

本章的研究过程设计如图4-1所示。第一，针对不同定价方式下服务提供策略的科学问题进行描述，通过分析比较三种信息获取情境，构建本章研究的基准模型；第二，在此基础上提出本章的研究模

---

① 澳大利亚房产中介网. https://www.realestate.com.au/rent/.

型框架和两互补企业之间博弈的决策次序；第三，分析固定费用定价方式下企业 1 的在线个性化服务提供策略和互补企业 2 的最优定价；第四，分析可变费用定价方式下企业 1 的在线个性化服务提供策略和互补企业 2 的最优定价；第五，比较两种定价方式下的在线个性化服务提供策略影响，提出企业 1 的最优决策；第六，对关键参变量采用算例研究验证研究结果，并系统总结全章内容。

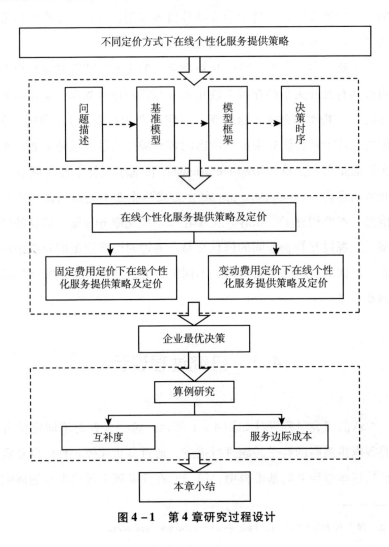

图 4-1　第 4 章研究过程设计

4.2 问题描述及模型框架

4.2.1 问题描述

继得出不同客户分类下的最优在线个性化服务提供策略及影响后,本章将研究主体由单一企业延伸至互补企业间,进一步探讨了信息资源优势的企业 1 如何将互补个性化服务所获取到的客户偏好信息有偿贡献给其互补企业 2。当企业 1 为客户提供两种在线个性化服务时,可以获取到对于互补企业 2 有用的客户偏好信息,故而互补企业 2 可采用支付给企业 1 一定的个性化服务费用,即:固定费用或可变费用,从企业 1 处共享到对自己有用的客户偏好信息。因此,在不同客户分类下的服务提供策略研究基础上,本书立足于企业 1,深入探讨固定费用和可变费用定价方式下的两种在线个性化服务提供策略及其影响机理,如图 4 - 2 所示。

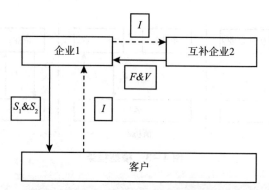

图 4 - 2   不同定价方式下在线个性化服务提供策略系统结构图

4.2.2　基准模型

不失一般性，本章假设两互补企业通过提供在线个性化服务来获取客户偏好信息，存在如下三种情境：

情境 1：企业 1 仅提供基本个性化服务 S_1 来获取客户偏好信息；

情境 2：互补企业 2 仅提供互补个性化服务 S_2 来获取客户偏好信息；

情境 3：企业 1 同时提供基本和互补个性化服务 S_1 和 S_2 来获取客户偏好信息，而互补企业 2 通过支付一定费用（固定费用 fixed-fee payment 或可变费用 variable-rate payment）给企业 1，从企业 1 处获得客户偏好信息。

图 4-3 给出了以上三种情境的模型框架图。情境 1 和情境 2 类似于广告—门户模型（Chellappa & Shivendu，2006）[63]，情境 3 则是在前两种情境下的拓展和延伸。为了更好地揭示两互补企业间的服务交易问题，本章将情境 1 和情境 2 作为基准模型，进而分析两互补企业的最优服务策略。

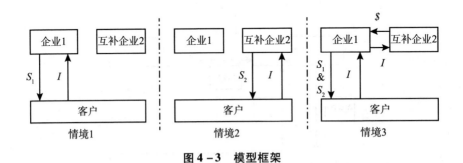

图 4-3　模型框架

首先考虑情境 1。当企业仅提供基本个性化服务 S_1 来获取客户偏好信息时，客户效用函数缩减为：

$$U(S_1, P_C) = P_C S_1 - r_C S_1^2。 \tag{4-1}$$

对式（4-1）关于 S_1 求一阶偏导数，可得客户使用的最优基本个性化服务水平为

$$S_{1C}^* = \frac{P_{1C}}{2r_{1C}}。 \tag{4-2}$$

由第 3 章基本模型假设可知，$\frac{P_{1C}}{r_{1C}} \in U[0, a]$，则客户使用的最优个性化服务水平服从于均匀分布 $S_{1C}^* \in U\left[0, \frac{a}{2}\right]$，那么分布密度函数为 $U(S_{1C}^*) = \frac{2}{a}$。

企业 1 的客户偏好信息利润函数为

$$\pi_1^N = \eta_1 \left(\int_0^{S_1} S_{1C}^* U(S_{1C}^*) \, dS_{1C}^* + \int_{S_1}^{\frac{a}{2}} S_1 U(S_{1C}^*) \, dS_{1C}^* \right) - \delta S_1^2。 \tag{4-3}$$

将分布密度函数代入利润函数式（4-3），求关于基本个性化服务 S_1 的一阶偏导数，可得企业 1 提供的最优基本个性化服务水平为

$$S_1^N = \frac{a\eta_1}{2\eta_1 + 2a\delta}。 \tag{4-4}$$

将式（4-4）代入利润函数式（4-3），可得企业 1 的最优利润为

$$\pi_1^N = \frac{a\eta_1^2}{4(\eta_1 + a\delta)}。 \tag{4-5}$$

接下来考虑情境 2。客户偏好信息对互补企业 2 进行产品升级改造、差异化策略的制定、目标市场定位、产品定价等都起着至关重要的作用。考虑到现实中，客户需求的多样性和可变性，特别是个性化需求日益凸显。因此，对互补企业 2 而言，获取到客户对自身产品的偏好信息势在必行。本章假设互补企业 2 采用传统的信息获取方式，如市场调研、购买交易数据、数据挖掘等方式来获取客户偏好信息。

这是因为，现实中互补企业 2 若构建一个社交平台或互动社区需要花费较高的一次性费用，此外，加之平台运营、维护、管理等成本相当昂贵，互补企业 2 不得不放弃获取客户偏好信息。用 C 表示企业采用传统方式获取客户偏好信息所付出的成本。

基于产品本身的互补性，互补企业 2 可通过支付一定的费用给专业的网站（社区、第三方平台等）或其具有一定品牌知名度的企业 1，有偿共享到互补企业 2 所需的客户偏好信息。这也就是上文提到的情境 3，通过比较分析两种支付费用（固定费用或可变费用）与互补企业 2 自身获取成本 C 之间的大小关系，来确定企业的最优策略。

4.2.3 不同定价方式下企业的利润模型

由情境 3 可知，企业 1 同时提供基本和互补个性化服务 S_1 和 S_2 来获取客户偏好信息，而互补企业 2 通过支付一定费用（固定费用或可变费用）给企业 1，从企业 1 处获得客户偏好信息。固定费用是指互补企业 2 一次性支付给企业 1 固定费用，用来购买企业 1 通过提供在线个性化服务所获取到的客户偏好信息。可变费用是指互补企业 2 根据企业 1 提供的互补个性化服务水平或者个性化服务的边际价格，支付给企业 1 用以购买通过在线个性化服务所获取到的客户偏好信息。用 F 和 V 分别表示固定费用和可变费用。

固定费用下企业 1 的偏好信息利润函数为

$$\Pi_1^F = \eta_1 \left(\int_0^{S_1} S_{1C}^* U(S_{1C}^*) \, dS_{1C}^* + \int_{S_1}^{\frac{a}{2-K}} S_1 U(S_{1C}^*) \, dS_{1C}^* \right) - \delta(S_1^2 + S_2^2) + F。$$

$$(4-6)$$

固定费用下互补企业 2 的偏好信息利润函数为

$$\Pi_2^F = \eta_2 \left(\int_0^{S_2} S_{2C}^* U(S_{2C}^*) \, \mathrm{d}S_{2C}^* + \int_{S_2}^{\frac{b}{2-K}} S_2 U(S_{2C}^*) \, \mathrm{d}S_{2C}^* \right) - F_\circ \quad (4-7)$$

可变费用下企业 1 的偏好信息利润函数为

$$\Pi_1^V = \eta_1 \left(\int_0^{S_1} S_{1C}^* U(S_{1C}^*) \, \mathrm{d}S_{1C}^* + \int_{S_1}^{\frac{a}{2-K}} S_1 U(S_{1C}^*) \, \mathrm{d}S_{1C}^* \right) - \delta(S_1^2 + S_2^2) + VS_2_\circ$$

$$(4-8)$$

可变费用下互补企业 2 的偏好信息利润函数为

$$\Pi_2^V = \eta_2 \left(\int_0^{S_2} S_{2C}^* U(S_{2C}^*) \, \mathrm{d}S_{2C}^* + \int_{S_2}^{\frac{b}{2-K}} S_2 U(S_{2C}^*) \, \mathrm{d}S_{2C}^* \right) - VS_2_\circ \quad (4-9)$$

其中 η_1 和 η_2 表示企业从客户偏好信息所获得的信息边际价值。δ 表示企业 1 提供两种个性化服务的边际成本。桑达拉詹(2004)[7]指出信息产品的独有特征,即信息产品的边际生产可变成本几乎是接近零或者零。因此,本章假设企业 1 提供在线个性化服务的边际生产成本为零。用 δ 表示成本系数,使得企业 1 提供在线个性化服务的净成本满足二次凸性。这些成本通常是指收集、存储、处理、传递等客户偏好信息所耗费的成本。

根据第 3 章基本模型假设可知,客户使用的最优在线个性化服务从均匀分布 $S_{1C}^* \in U\left[0, \frac{a}{2-K}\right]$ 和 $S_{2C}^* \in U\left[0, \frac{b}{2-K}\right]$。对应的分布密度函数为 $U(S_{1C}^*) = \frac{2-K}{a}$ 和 $U(S_{2C}^*) = \frac{2-K}{b}$。将分布密度代入利润函数式(4-6)~式(4-9),进行化简,可得两互补企业在固定费用定价方式下利润函数分别为

$$\Pi_1^F = \eta_1 \left[S_1 - \frac{(2-K)S_1^2}{2a} \right] - \delta(S_1^2 + S_2^2) + F_\circ \quad (4-10)$$

$$\Pi_2^F = \eta_2 \left[S_2 - \frac{(2-K)S_2^2}{2b} \right] - F_\circ \quad (4-11)$$

两互补企业在可变费用定价方式下的利润函数分别为

$$\Pi_1^V = \eta_1 \left[S_1 - \frac{(2-K)S_1^2}{2a} \right] - \delta(S_1^2 + S_2^2) + VS_2 。 \qquad (4-12)$$

$$\Pi_2^V = \eta_2 \left[S_2 - \frac{(2-K)S_2^2}{2b} \right] - VS_2 。 \qquad (4-13)$$

4.2.4 博弈时序

本章着重解决两互补企业间客户偏好信息的交易问题，两互补企业的博弈时序分为三个阶段：第一阶段，互补企业 2 选择从企业 1 处购买信息的定价方式，即固定费用或者可变费用；第二阶段，企业 1 根据互补企业 2 确定的定价方式，确定自身最优的在线个性化服务水平和互补企业 2 的支付价格，使得自身利益最大化；第三阶段，企业 1 将在线个性化服务所获取到的客户偏好信息，按照约定共享给互补企业 2，两互补企业的信息交易达成。虽然两互补企业信息交易存在策略选择的先后次序，但在第二阶段中企业 1 无法得知互补企业 2 所确定的支付价格，因此，本章研究属于静态博弈范畴。本章采用逆向归纳法来求解模型。通过上述静态博弈的分析、推演和求解，企业 1 可以得到不同定价方式下的最优服务水平，以及互补企业 2 需支付的价格，能更好地指导互补企业间展开服务合作。

4.3 固定费用定价方式下在线
个性化服务提供策略及定价

首先考虑互补企业 2 支付给企业 1 固定费用来获取客户偏好信息。企业 1 同时提供两种个性化服务 S_1 和 S_2 给客户，客户在使用这些服务时，将个人的偏好信息披露给企业 1。

根据企业利润函数，互补企业 2 先确定定价方式，到底是固定费用定价还是可变费用定价；然后，企业 1 根据互补企业 2 的定价方式，再确定提供在线个性化服务水平。接下来先解决固定费用定价方式下的最优服务价格。要确定互补企业 2 支付给企业 1 的最优固定费用，需要考虑如下的最优服务定价问题：

$$\max_{F \geq 0} \Pi_2^F = \eta_2 \left[S_2 - \frac{(2 - K) S_2^2}{2b} \right] - F$$

$$\text{s. t. } \Pi_1^F = \eta_1 \left[S_1 - \frac{(2 - K) S_1^2}{2a} \right] - \delta (S_1^2 + S_2^2) + F \geq 0 \text{。}$$

引理 4.1 在固定费用定价方式下，互补企业 2 支付给企业 1 的一次性固定费用为 $F^* = \dfrac{b\eta_2^2 \left[(2 - K) \eta_2 + 4b\delta \right]}{2 \left[(2 - K) \eta_2 + 2b\delta \right]^2}$。企业 1 提供的两种最优的个

性化服务水平为 $S_1^F = \dfrac{a\eta_1}{(2 - K) \eta_1 + 2a\delta}$ 和 $S_2^F = \dfrac{b\eta_2}{(2 - K) \eta_2 + 2b\delta}$。企业 1 所

获得的最优利润为 $\Pi_1^F = \dfrac{1}{2} \left[\dfrac{a\eta_1^2}{(2 - K) \eta_1 + 2a\delta} + \dfrac{b\eta_2^2}{(2 - K) \eta_2 + 2b\delta} \right]$。

证明：计算一阶条件，可得固定费用定价方式下企业 1 提供的两种最优的在线个性化服务水平为：

$$S_1^F = \frac{a\eta_1}{(2 - K) \eta_1 + 2a\delta}, \tag{4-14}$$

$$S_2^F = \frac{b\eta_2}{(2 - K) \eta_2 + 2b\delta} \text{。} \tag{4-15}$$

将式（4-14）、式（4-15）代入 Π_2^F，并令其为零，可知最优固定费用为：

$$F^* = \frac{b\eta_2^2 \left[(2 - K) \eta_2 + 4b\delta \right]}{2 \left[(2 - K) \eta_2 + 2b\delta \right]^2} \text{。} \tag{4-16}$$

从而，可以得到企业 1 在固定费用下的最优利润为：

$$\Pi_1^F = \frac{1}{2}\Big[\frac{a\eta_1^2}{(2-K)\eta_1 + 2a\delta} + \frac{b\eta_2^2}{(2-K)\eta_2 + 2b\delta}\Big]。 \quad (4-17)$$

证毕。由引理4.1，对上述均衡结果进行比较静态分析，如表4-1所示。

表4-1   固定支付下的比较静态分析

参数	S_1^F	S_2^F	F^*	Π_1^F
K	+	+	+	+
δ	－	－	－	－

注：表中"＋"表示函数一阶偏导数为正；"－"表示函数一阶偏导数为负。

由表4-1可以看出，在固定费用定价方式下比较静态分析结果表明，企业1提供的两种最优在线个性化服务水平（S_1^F 和 S_2^F）均随着两种产品互补度的增加而升高，随着成本系数（δ）的增大而降低。此外，互补企业2支付给企业的最优一次性固定费用（F^*）递增于互补度（K），递减于成本系数（δ）。企业1的最优利润（Π_1^F）随着互补度的增加而增加，随着成本系数（δ）的增加而递减。

命题4.1   在固定费用定价方式下，互补企业2可以获取到客户的偏好信息，但是互补企业2获得的信息价值为零。

命题4.1表明，当互补企业2选用固定费用定价方式来从企业1的在线个性化服务中获得客户偏好信息，企业1战略性地攫取互补企业2的全部信息价值。也就是说，互补企业2虽然能获得客户的偏好信息，但是其获得的信息价值为零。这是因为，在两互补企业的博弈中，互补企业2扮演领导角色，企业1完全可以预估到互补企业2的决策行为，在均衡中，企业1将互补企业2所获得到客户偏好信息价值全部占为己有。而企业1确定的一次性固定费用过高，即：$\Pi_2^F < 0$，则互补企业2会退出市场。因此，互补企业2在均衡中的最优利润 $\Pi_2^F = 0$。

4.4 可变费用定价方式下在线个性化
服务提供策略及定价

接下来考虑可变费用情形下，两互补企业的最优在线个性化服务策略。当互补企业 2 选择可变费用从企业 1 处购买客户偏好信息，则需要求解如下的最优化问题

$$\max_{V \geq 0} \Pi_2^V = \eta_2 \left[S_2 - \frac{(2-K)S_2^2}{2b} \right] - VS_2$$

$$\text{s. t. } \Pi_1^V = \eta_1 \left[S_1 - \frac{(2-K)S_1^2}{2a} \right] - \delta(S_1^2 + S_2^2) + VS_2 \geq 0 。$$

引理 4.2 在可变费用定价方式下，互补企业 2 支付的最优可变费用为 $V^* = \dfrac{2b\delta\eta_2}{(2-K)\eta_2 + 4b\delta}$。企业 1 提供的两种最优互补个性化服务水平为 $S_1^V = \dfrac{a\eta_1}{(2-K)\eta_1 + 2a\delta}$ 和 $S_2^V = \dfrac{b\eta_2}{(2-K)\eta_2 + 4b\delta}$。两互补企业获得的最优的利润分别为 $\Pi_1^V = \dfrac{a\eta_1^2}{2[(2-K)\eta_1 + 2a\delta]} + \dfrac{b^2\delta\eta_2^2}{[(2-K)\eta_2 + 4b\delta]^2}$ 和

$$\Pi_2^V = \frac{b\eta_2^2[(2-K)\eta_2 + 6b\delta]}{2[(2-K)\eta_2 + 4b\delta]^2} 。$$

证明：考虑一阶条件，可得企业 1 在可变费用定价方式下的反应函数为：

$$S_1^V = \frac{a\eta_1}{(2-K)\eta_1 + 2a\delta}, \tag{4-18}$$

$$S_2^V(V) = \frac{V}{2\delta} 。 \tag{4-19}$$

将式（4-18）、式（4-19）代入 Π_2^V，求关于 V 的一阶偏导数，并令其为零，可得最优的可变费用和互补个性化服务水平分别为：

$$V^* = \frac{2b\delta\eta_2}{(2-K)\eta_2 + 4b\delta}, \tag{4-20}$$

$$S_2^V = \frac{b\eta_2}{(2-K)\eta_2 + 4b\delta}。 \tag{4-21}$$

将式（4-20）代入式（4-19）及两互补企业利润函数，可得企业1提供的最优个性化服务水平以及两互补企业的最优利润分别为

$$\Pi_1^V = \frac{a\eta_1^2}{2\left[(2-K)\eta_1 + 2a\delta\right]} + \frac{b^2\delta\eta_2^2}{\left[(2-K)\eta_2 + 4b\delta\right]^2}, \tag{4-22}$$

$$\Pi_2^V = \frac{b\eta_2^2\left[(2-K)\eta_2 + 6b\delta\right]}{2\left[(2-K)\eta_2 + 4b\delta\right]^2}。 \tag{4-23}$$

证毕。对上述均衡结果进行比较静态分析，如表4-2所示。

表4-2 可变支付下的比较静态分析

参数	S_1^V	S_2^V	V^*	Π_1^V	Π_2^V
K	+	+	+	+	+
δ	-	-	-	-	-

注：表中"+"表示函数一阶偏导数为正；"-"表示函数一阶偏导数为负。

由表4-2可知，比较静态分析结果表明企业1提供两种最优的在线个性化服务水平（S_1^V和S_2^V）均递增于互补度（K），递减于成本系数（δ）。互补企业2支付给企业1的最优可变费用（V^*）随着互补度（K）的增加而增加，随着成本系数（δ）的增大而减小。两互补企业的最优利润（Π_1^V和Π_2^V）均随着互补度（K）的增加而增加，随着成本系数（δ）的增大而减小。

命题4.2 在可变费用定价方式下，互补企业2可获得正的客户偏好信息收益，且能从企业1处获得所需的客户偏好信息。

命题4.2表明，不同于固定费用定价方式，可变费用定价是根据企业1提供的最优个性化服务水平而定价。因此，企业1不能完全攫

取互补企业 2 的信息利润，即：$\Pi_2^V > 0$。此外，尽管互补企业 2 采用可变费用定价服务费用，但是企业 1 也不可能随意提高互补个性化服务水平。这是因为，客户在使用企业 1 提供的在线个性化服务，使用的服务越多，披露的偏好信息就越多，客户的信息披露感知风险就会越大。因此，过高的在线个性化服务水平可能将客户驱赶出市场。

命题 4.2 还表明，企业 1 提供两种在线个性化服务来获取客户偏好信息，互补企业 2 采用可变费用定价方式付给企业 1 服务费，企业 1 按照约定将获得的客户偏好信息有偿共享给互补企业 2，因此，互补企业 2 能获得所需的客户偏好信息。这一点与固定费用定价方式下的情形相同。

4.5 企业的最优决策

上文分析完互补企业 2 两种定价方式下企业的最优在线个性化服务提供策略，本节开始分析两互补企业在三种情境下的最优决策。考虑到基准模型的结果，将两种定价方式下的最优策略和利润与基准模型进行比较分析，从而得到两互补企业的最优决策。

命题 4.3 两种定价方式下，企业 1 提供的最优基本个性化服务水平相同，即：$S_1^V = S_1^F$，且都高于基准模型 1 中的个性化服务水平 S_1^N，即：$S_1^F > S_1^N$。

证明：由式（4-11）和式（4-18）可知，在两种定价方式下，企业 1 提供的最优基本个性化服务水平 $S_1^V = S_1^F = \dfrac{a\eta_1}{(2-K)\eta_1 + 2a\delta}$。将此个性化服务水平与基准 1 进行比较，可知

$$S_1^F - S_1^N = \frac{a\eta_1}{(2-K)\eta_1 + 2a\delta} - \frac{a\eta_1}{2\eta_1 + 2a\delta} > 0。 \qquad (4-24)$$

证毕。命题4.3表明，互补企业2支付给企业1费用，用于获取互补企业2所需的客户偏好信息。但并未改变企业1本身的服务策略，企业1仍提供客户使用的最优的基本个性化服务水平。但这种基本个性化服务水平均高于基准模型1中的服务水平，是因为：企业1增加的互补个性化服务，导致两种个性化服务之间相互匹配要求提高，以及两种个性化服务之间的溢出效应，致使基本个性化服务水平升高。

命题4.4 固定费用定价方式下的最优互补个性化服务水平高于可变费用定价方式下的最优互补个性化服务水平，即：$S_2^F > S_2^V$。

证明：根据式（4-15）和式（4-21），将两种定价方式下的最优的互补个性化服务水平进行比较，可知

$$S_2^F - S_2^V = \frac{b\eta_2}{(2-K)\eta_2 + 2b\delta} - \frac{b\eta_2}{(2-K)\eta_2 + 4b\delta} > 0。 \quad (4-25)$$

证毕。命题4.4表明，通过比较两种定价方式下，企业1提供的最优互补个性化服务水平，在固定费用定价方式下明显高于可变费用定价方式下的。这是因为，企业1具有滞后决策优势，为了最大限度地攫取互补企业2的信息利润，企业1会最大限度地提高互补个性化服务水平，来获取客户的偏好信息，然后有偿共享给互补企业2。因此，固定费用定价方式下的最优个性化服务水平高于可变费用定价方式下的服务水平。

命题4.5 固定费用定价方式下企业1的利润大于可变费用定价方式下的利润，且都大于基准1中企业1所得的利润，即：$\Pi_1^F > \Pi_1^V > \pi_1^N$。

证明：根据式（4-5）、式（4-17）和式（4-23），比较两种定价方式下的均衡利润与基准可知

$$\Pi_1^F - \Pi_1^V = \frac{b\eta_2^2}{2\left[(2-K)\eta_2 + 2b\delta\right]} - \frac{b^2\delta\eta_2^2}{\left[(2-K)\eta_2 + 4b\delta\right]^2}$$

$$> \frac{b\eta_2^2\big[(2-K)\eta_2+4b\delta\big]-2b^2\delta\eta_2^2}{2\big[(2-K)\eta_2+4b\delta\big]^2} = \frac{(2-K)b\eta_2^3+2b^2\delta\eta_2^2}{2\big[(2-K)\eta_2+4b\delta\big]^2} > 0,$$

$$(4-26)$$

$$\Pi_1^F - \pi_1^N = \frac{1}{2}\Big[\frac{a\eta_1^2}{(2-K)\eta_1+2a\delta}+\frac{b\eta_2^2}{(2-K)\eta_2+2b\delta}\Big]-\frac{a\eta_1^2}{4(\eta_1+a\delta)} > 0,$$

$$(4-27)$$

$$\Pi_1^V - \pi_1^N = \frac{a\eta_1^2}{2\big[(2-K)\eta_1+2a\delta\big]}+\frac{b^2\delta\eta_2^2}{\big[(2-K)\eta_2+4b\delta\big]^2}-\frac{a\eta_1^2}{4(\eta_1+a\delta)} > 0。$$

$$(4-28)$$

证毕。命题 4.5 表明，企业 1 在固定费用定价方式下的利润大于可变费用定价方式下的利润，这主要是因为企业 1 攫取了互补企业 2 全部的信息价值。在可变费用定价方式下，虽然互补企业 2 获得了部分正的信息收益，但企业 1 的利润来自两个方面：一方面，基本个性化服务获取到的客户偏好信息价值；另一方面，互补企业 2 支付给企业 1 的信息获取的服务费。企业 1 的利润仍然高于基准 1 下的仅提供基本个性化服务的情形。对企业 1 而言，提供互补个性化服务可以提高自身利润，因此，企业 1 更倾向于选择提供互补个性化服务策略，以获得额外的收益，从而实现了信息价值转化。

命题 4.6　互补企业 2 支付给企业 1 的最优一次性固定费用高于可变支付下的费用，即：$F^* > V^* S_2^V$。

证明：根据式（4-16）和式（4-20），比较两种定价方式下的费用可知

$$F^* - V^* S_2^V = \frac{b\eta_2^2\big[(2-K)\eta_2+4b\delta\big]}{2\big[(2-K)\eta_2+2b\delta\big]^2}-\frac{4b^2\delta\eta_2^2}{2\big[(2-K)\eta_2+4b\delta\big]^2}$$

$$> \frac{(2-K)b\eta_2^3}{2\big[(2-K)\eta_2+4b\delta\big]^2} > 0。 \qquad (4-29)$$

证毕。命题 4.6 表明，互补企业 2 可供选择的两种定价方式中，

固定费用定价大于可变费用定价。这主要是因为，企业1攫取了互补企业2的全部信息价值。而作为互补企业2而言，不仅要获取到客户偏好信息，更重要的是要获得正的利润，因此，互补企业2更倾向于选择基于服务率的可变费用定价方式来获取客户偏好信息。这也就是为什么可变费用定价方式广泛应用于现实中的原因所在。

在分析完两互补企业的最优决策后，接下来，考虑两种费用支付下，渠道总利润的变化情况。

命题4.7 可变费用定价方式下的渠道总利润大于固定费用定价方式下的总利润，且都大于基准模型中的总利润，即：$\Pi_1^V + \Pi_2^V > \Pi_1^F + \Pi_2^F > \pi_1^N + \pi_2^N$。

证明：结合固定费用、可变费用及基准模型中两企业的最优利润，可知

$$
\begin{aligned}
\Pi_1^V + \Pi_2^V - \Pi_1^F - \Pi_2^F &= \frac{b\eta_2^2\left[(2-K)\eta_2 + 8b\delta\right]}{2\left[(2-K)\eta_2 + 4b\delta\right]^2} - \frac{b\eta_2^2}{(2-K)\eta_2 + 2b\delta} \\
&= \frac{b^2\delta\eta_2^2}{2(2-K)\eta_2 + 2b\delta\left[(2-K)\eta_2 + 4b\delta\right]^2} > 0,
\end{aligned}
$$

$$(4-30)$$

$$
\begin{aligned}
\Pi_1^F + \Pi_2^F - \pi_1^N - \pi_2^N &= \frac{1}{2}\left(\frac{a\eta_1^2}{(2-K)\eta_1 + 2a\delta} + \frac{b\eta_2^2}{(2-K)\eta_2 + 2b\delta}\right) - \\
&\frac{a\eta_1^2}{4(\eta_1 + a\delta)} > \frac{a\eta_1^2}{2\left[(2-K)\eta_1 + 2a\delta\right]} - \frac{a\eta_1^2}{4(\eta_1 + a\delta)} > 0。
\end{aligned}
$$

$$(4-31)$$

证毕。命题4.7表明，通过比较两种定价方式与基准模型下的渠道利润情况，很容易发现可变费用定价方式下，整个渠道的利润最高，固定支付下渠道利润居中，而企业1仅提供单一基本个性化服务的渠道利润最低。这是因为，企业1提供基本个性化服务，渠道内只有基本个性化服务产生的信息价值。

命题 4.8　当 $C < F^*$ 或 $C < V^* S_2^V$ 时，则互补企业 2 采用传统方式来获取客户偏好信息。

命题 4.8 说明，当互补企业 2 支付给企业 1 的固定费用和可变费用均高于自身获取的成本时，互补企业 2 更倾向于选择自身获取客户偏好信息。

4.6　算 例 分 析

本节开始采用数值算例来分析最优在线个性化服务水平和企业利润的影响。由于上文分别从固定费用和可变费用两种情境下，研究了两互补企业间的最优决策。本节分别从影响两互补企业最优决策的关键影响参数，包括互补度和边际成本来比较，分析和验证其对企业 1 最优互补个性化服务策略和两企业利润的影响。

4.6.1　互补度

首先，分析固定费用和可变费用定价方式下，互补度对企业 1 提供两种最优在线个性化服务水平的影响。图 4-4 是互补度在两种定价方式下对最优在线个性化服务水平的影响。

图 4-4 表明，固定费用定价和可变费用定价方式下，企业 1 提供的两种最优在线个性化服务水平均递增于互补度。且从图 4-4 中可以明显看出，基本个性化服务水平明显高于互补个性化服务水平。这说明，尽管企业 1 提供互补个性化服务，可以从互补企业获得正的服务费用支付，但是作为自身提供服务的重心是获取更多的客户偏好信息，因此，企业 1 应提供更高水平的基本个性化服务水平。

图 4-5 是互补度对基于服务率支付的最优变动支付费用的影响。

从图 4 – 5 很明显看出最优可变费用仍随着互补度的增加而增加。

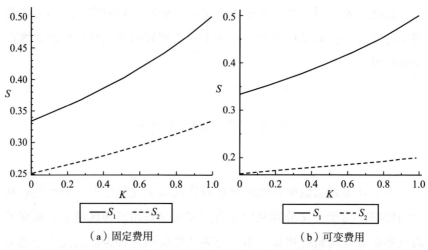

（a）固定费用   （b）可变费用

图 4 – 4   互补度对在线个性化服务水平的影响

注：$a = 1$；$b = 1$；$\eta_1 = 2$；$\eta_2 = 1$；$\delta = 1$。

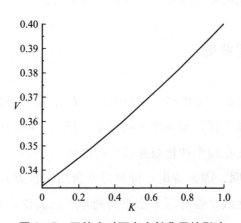

图 4 – 5   互补度对可变支付费用的影响

注：$b = 1$；$\eta_2 = 1$；$\delta = 1$。

接下来，比较固定费用和可变费用定价方式下，最优的基本个性化服务水平和互补个性化服务水平与基准 1 中的服务水平的高低关系。图 4 - 6 分别给出了两种定价方式下，基本个性化服务水平和互补个性化服务水平之间的大小关系。

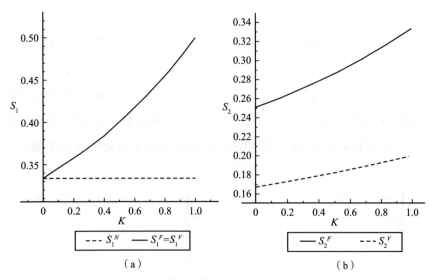

图 4 - 6　不同定价方式下在线个性化服务水平比较

注：$a=1$；$b=1$；$\eta_1=2$；$\eta_2=1$；$\delta=1$。

图 4 - 6（a）表明，固定费用和可变费用定价方式下的基本个性化服务水平相同，且都高于基准模型 1 中的基本个性化服务水平。这暗示当企业 1 提供互补个性化服务后，由于两种在线个性化服务间的溢出效用，使得基本个性化服务水平不断提高，进而可以获取到更多的客户偏好信息。此外，图 4 - 6（b）表明，固定费用定价方式下的互补个性化服务水平明显高于可变费用定价方式下的互补个性化服务水平。这暗示固定支付下，由于企业 1 具有后决策优势，可以完全攫取互补企业 2 的信息价值，因此，企业 1 提供较高的互补个性化服务水平。反而在可变费用定价方式下，互补企业 2 是根据服务率来支付费用，企业 1 如果单方面拉高服务水平，互补企业 2 是不会支付更高

的费用来提供互补个性化服务的。

4.6.2 边际成本

本小节开始分析比较企业 1 提供两种在线个性化服务的边际成本对两企业最优决策的影响。考虑到企业 1 提供两种个性化服务，互补企业 2 采用两种定价方式从企业 1 提供的互补个性化服务中获取到所需的客户偏好信息。因此，分别采用算例分析验证上文最优决策。图 4－7 是边际成本对企业 1 提供的两种最优在线个性化服务的影响。

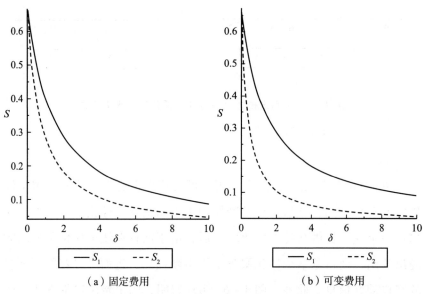

（a）固定费用　　　　　　　　　　（b）可变费用

图 4－7　边际成本对个性化服务水平的影响

注：$a=1$；$b=1$；$\eta_1=2$；$\eta_2=1$；$K=0.5$。

图 4－7（a）表明，在固定费用定价方式下，企业 1 提供两种最优在线个性化服务水平均递减于边际成本系数。同样地，在可变费用定价方式下，企业 1 提供的两种最优个性化服务水平随着边际成本系

数的增加而递减，如图4－7（b）所示。此外，从图4－7很容易发现，在两种定价方式下，企业1提供的基本个性化服务水平明显高于互补个性化服务水平。这点也和互补度影响下的结果一样，由于企业1将互补个性化服务嵌入原有的基本个性化服务中，两种在线个性化服务产生明显的溢出效应，使得企业1提供的基本个性化服务水平升高。

图4－8是边际成本对互补企业2最优可变支付费用的影响。从图4－8中很容易发现，最优可变支付费用随着边际成本系数的增大而升高。

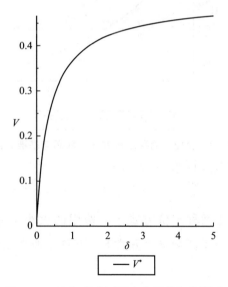

图4－8　边际成本对可变支付费用的影响

注：$b = 1$；$\eta_2 = 1$；$K = 0.5$。

为了清晰地揭示出两种定价方式下的企业1的利润，以及与基准模型1中的变化情况，采用算例研究对其最优利润进行分析，如图4－9所示。图4－9表明，企业1的利润均递减于边际成本系数。此外，在固定费用定价方式下企业 1 的最优利润明显高于可变费用定价的情况，而且两种定价方式下企业 1 的利润都高于基准模型 1 中企业 1 仅提供基本个性化服务的情形。这说明当企业 1 提供两种在线个性化服务时，其利润会明显提升。为获得更高的收益，企业 1 有理由提供两种在线个性化服务，并将通过互补个性化服务获取到的客户偏好信息有偿共享给互补企业 2。

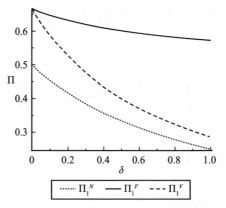

图 4 - 9　企业 1 两种定价方式下利润与基准 1 比较

注：$a = 1$；$b = 1$；$\eta_1 = 1$；$\eta_2 = 1$；$K = 0.5$。

接下来，考虑两种定价方式下，费用的大小关系及单调变化情况。图 4 - 10 给出了两种定价方式下，互补企业 2 支付的费用的变化情况。

图 4 - 10 表明，在两种定价方式下，固定费用和可变费用均随着边际成本系数的增大而减小。此外，在固定费用定价方式下，互补企业 2 支付给企业 1 的费用明显高于基于服务率支付的可变费用定价情形。这点暗示了，互补企业 2 采用可变支付，一方面可以获得客户偏好信息，另一方面还能获得正的偏好信息效用。这也正是现实企业普遍采用的一种定价方式。

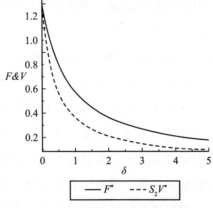

图 4 - 10　两种支付费用比较

注：$a=1$；$b=1$；$\eta_1=1$；$\eta_2=1$；$K=0.5$。

4.7　本章小结

　　本章在建模过程中假设，互补企业 2 通过支付给企业 1 一定的费用，从其提供的互补个性化服务中间接的获取客户偏好信息。事实上，企业购买客户偏好信息在现实中是普遍存在的。本章采用了两种最普遍的定价方式，即固定费用和可变费用，来探讨互补企业间的个性化服务提供策略及服务定价。本章在理论上突破了以往信息交易研究视角的局限性，深化了互补企业间客户偏好信息价值转化的认识，在实践上为企业和互补企业间的信息交易和服务合作共赢提供了定量化的理论指导和决策支持。

　　本章通过比较分析了三种情境，第一，构建了本章研究的基准模型，在此基础上给出了企业的利润函数；第二，提出了两互补企业之间博弈的决策次序；第三，分析了固定费用定价方式下企业 1 的在线个性化服务提供策略；第四，分析了可变费用定价方式下企业 1 的在线个性化服务提供策略；第五，比较了两种定价方式下的在线个性化服务提供策略，提出了两互补企业的最优决策；第六，采用算例研究验证了研究结果，并系统总结了本章内容。

本章构建了互补企业间信息有偿共享的经济模型，通过模型分析，研究了固定费用和可变费用定价方式下，企业1的最优在线个性化服务提供策略，并且提出了几点有价值的研究结果。固定费用定价方式下的最优在线个性化服务水平明显高于可变费用定价方式下的服务水平。在固定费用定价方式下，互补企业可以获得所需的客户偏好信息，但其信息价值被企业完全攫取。在可变费用定价方式下，企业和其互补企业都可以获取到所需客户偏好信息，而且两企业可以达到双赢的局面。可变费用定价也是企业管理实践中常常被企业采用的策略。

本章的研究结果不仅帮助研究者解释为什么在线企业1通过在线个性化服务来施行信息获取策略，进而实现优势信息的价值转化，而且帮助实践者提供更好的电子商务策略及互补企业的合作策略。例如海尔的卡萨帝社区（Casarte），为客户提供互动体验专区，作为家电领导者的海尔同时提供家电及家装的个性化服务，当客户参与互动时将客户个人偏好披露给了海尔。如果这些做家庭装修装饰的中小企业，支付一定的费用给海尔，而通过海尔提供的家装在线个性化服务来间接获得到客户的偏好信息。这对于两个企业是一种双赢的局面。再比如房地产开发商（real estate）很难知道某区域内客户购房租房及户型要求的偏好信息，然而，房产中介便很容易获取到这些客户偏好信息，如果开发商支付给中介部分服务费用，房产中介将购房偏好信息共享给开发商，进而实现双方的共赢。

5　服务质量差异化的在线个性化服务提供策略研究[*]

互补企业 2 应不应该为客户提供互补个性化服务？差异化质量的互补个性化服务如何影响两互补企业的价格和利润？为解决这些问题，本章构建一个垂直方向上产品偏好差异化和水平方向上在线个性化服务偏好差异化的二维模型。其中，分别从差异化质量的基本个性化服务，到差异化质量的两种在线个性化服务入手，分三种情境，探讨了差异化质量的在线个性化服务提供策略，以及对企业定价和利润的影响。

试想当客户浏览企业门户或官网时，经常会遇到嵌在基本个性化服务中的互补个性化服务。例如苹果手机用户，当选择或浏览完所需的 iPhone 配置信息（如型号、颜色、内存等）后，经常还需要选择一个移动运营商（如 AT&T，Sprint，T‒Mobile，Verizon 等）来激活 iPhone，或者客户需要选择一个互补品（如制造商、钢化膜、保护壳、耳机等）。另一方面，手机用户在选择网络服务时，还必须选择制造商、颜色、内存、操作系统等移动电话服务。上述例子表明，个性化技术拓宽了在线服务的质量。因此，由于互补性需求的不确定性、客户私有偏好及复杂的经济环境，使得企业 1 的境况越来越糟。

　＊ 本章研究成果已发表在国际知名学术期刊 *Electronic Commerce Research and Applications*，2017，24（4）：12‒22.（SCIE & SSCI indexed）.

互补企业 2 为获得竞争优势，不得不通过提升在线个性化服务的质量，吸引更多的客户参与进来互动并最终达成交易。然而，由于技术局限、产品特性、服务能力的差异，导致在线互补企业提供在线个性化服务的质量存在明显差异。此外，第 3 章已经指出，企业 1 提供个性化服务的边际生产变动成本为零，对于企业 1 而言，完全有能力提供互补个性化服务给客户。因此，本章讨论两互补企业提供差异化质量的基本个性化服务和互补个性化服务，是否会对企业的价格和利润带来重要影响。

除了在线个性化服务质量的差异性，本章仍考虑了产品偏好的互补性。众所周知，互补性是用来揭示互补品之间内在的依从关系。然后，互补性因客户的不同而不同。综合考虑互补性和在线个性化服务质量差异性，本章的焦点是研究互补企业分别提供差异化质量的两种个性化服务的管理意义。大量的研究包括营销、管理科学、信息系统、电子商务，从理论上研究了在线个性化服务策略问题。然而，在电子商务环境下，很少有研究考虑差异化质量的互补个性化服务如何影响企业 1 的利润和定价策略。

为填补这些理论空白，本章提出了一个包括垂直产品偏好和水平在线个性化服务偏好的二维差异化模型。在模型中，存在两个互补企业，即企业 1 和互补企业 2，它们分别销售具有互补关系的产品。同时，两互补企业在自己官网或门户上提供两种在线个性化服务。

5.1 研究过程设计

针对质量差异化的服务提供策略问题，第一，本章分别从两种个性化服务和产品互补度的导入，构建垂直产品差异化和水平服务差异化的二维经济模型。第二，给出两互补企业之间的博弈时序。第三，分别从三种情景分析了两互补企业的最优在线个性化服务提供策略，即企业1只提供基本个性化服务，互补企业2只提供互补个性化服务；企业1提供基本个性化服务及低质量的互补个性化服务，而互补企业2仅提供互补个性化服务；企业1提供基本个性化服务及低质量的互补个性化服务，互补企业2提供低质量的基本个性化服务及互补个性化服务。第四，分析互补度对两互补企业最优价格和个性化服务水平的影响。第五，系统分析三种情境下最优策略，提出了两互补企业的最优决策。在此基础上，拓展研究了垂直产品偏好占优情况下企业的最优策略。第六，系统全面地总结全章内容。本章研究结构如图5-1所示。

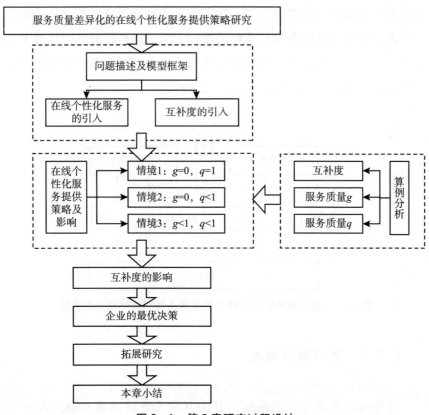

图 5 - 1　第 5 章研究过程设计

5.2 问题描述及模型框架

5.2.1 问题描述

继研究完信息资源优势企业个性化服务的提供策略和信息价值转化之后，本章将上述单渠道在线个性化服务提供延伸至互补企业间双渠道的服务提供，提出了水平方向在线个性化服务差异化和垂直方向上产品差异化的二维经济模型，深入探讨两互补企业分别提供质量差异化的在线个性化服务提供策略的影响，通过分析研究不同情境下的服务提供策略，提出两企业的最优决策，并分析重要参变量对最优服务提供策略及利润的影响，如图 5 - 2 所示。

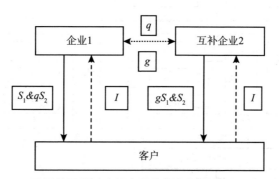

图 5 - 2　质量差异化的在线个性化服务提供策略系统结构图

5.2.2 客户效用模型

考虑两个市场存在的系统，其中有两个在线出售互补产品的企业，同时在各自的官网或平台提供产品属性相关的在线个性化服务。假设这两个互补企业垂直地位于 $z_1 = 0$ 和 $z_2 = 1$ 的线性城市中。为简化模型的复杂性，假设两个互补企业的固定成本对生产边际成本没有影响。因此，用 p_j 表示企业 $j(j=1，2)$ 所定的价格，用 c_j 表示企业的边际成本。

客户在访问互补企业官网或平台时，同时评价和考虑企业提供的在线个性化服务质量及产品价格。用垂直分量 z 来揭示客户的产品偏好，水平分量 θ 揭示客户的个性化服务偏好。

假设5.1　客户均匀分布于平面坐标轴第一象限 $z \times \theta \in [0，1] \times [0，1]$ 中。

这一假设广泛应用于客户分布文献中[67,220]。用正常数 t 表示转换成本，x 表示客户在现行城市中的位置，v_j 表示企业 $j(j=1，2)$ 的保留价值，那么客户从企业1所获得的效用可表示为 $U_1 = v_1 - t|x - z_1| - p_1$。从互补企业2获得效用为 $U_2 = v_2 - t|x - z_2| - p_2$。

企业保留价值 $v_j(j=1，2)$ 取决于在线个性化服务的质量以及互补产品的价格，假设它们数值足够大，以确保覆盖整个市场中的客户。换句话说，也就是每一个进入市场的客户都可以从互补企业提供的在线个性化服务和产品中获得正的效用。

（1）在线个性化服务的导入

首先，将在线个性化服务 S_1 和 S_2 质量差异化性引入客户效用函数中。为表征这种在线个性化服务的质量差异化性，用参数 q 和 g 来表示。

假设5.2　企业1提供的基本个性化服务 S_1 质量优于互补企业2，而互补个性化服务 S_2 质量劣于互补企业2，即：$0 \leqslant q \leqslant 1$，$qS_2 \leqslant S_2$。[220]

假设5.3　互补企业2提供的互补个性化服务 S_2 质量优于企业1，而基本个性化服务 S_1 的质量劣于企业1，即：$0 \leqslant g \leqslant 1$，$gS_1 \leqslant S_1$。[220]

正如文献彻拉帕等（2007）[4]，用 θ 表示个性化服务的边际价值，那么客户的效用函数可以表示为：

$$U_1 = v_1 + \theta(S_1 + qS_2) - t|x - z_1| - p_1, \qquad (5-1)$$

$$U_2 = v_2 + \theta(gS_1 + S_2) - t|x - z_2| - p_2。 \qquad (5-2)$$

（2）互补度的导入

不同于替代品，互补品是指客户从两种产品组合中获得的效用大于分别使用两种产品所获得的效用之和，这样的产品称为互补品[8]。客户对互补服务之间的偏好差异，常常使得企业不能准确地评价和预测客户需求。互补度则用来刻画互补品之间内在的依从关系。用参数 K 来刻画这种互补性影响。在二维模型中，互补度则用于揭示客户关于产品偏好在线性模型中所在的具体位置。

假设 5.4　客户关于两种互补品及个性化服务质量的效用函数可分别表示为：

$$U_1 = v_1 + \theta(S_1 + qS_2) - t|x - z_1|(1 - K) - p_1, \qquad (5-3)$$

$$U_2 = v_2 + \theta(gS_1 + S_2) - t|x - z_2|(1 - K) - p_2。^{[5]} \qquad (5-4)$$

由式（5-3）和式（5-4），假设 $z_1 = 0$ 和 $z_2 = 1$。因此，通过计算无差异曲线 $U_1 = U_2$ 可得

$$x(\theta) = \frac{(v_1 - v_2) - (p_1 - p_2) + t(1 - K) + \theta[(1 - g)S_1 - (1 - q)S_2]}{2t(1 - K)}。$$

$$(5-5)$$

由式（5-5）可知，无差异化曲线的斜率取决于比率 $\frac{(1 - g)S_1 - (1 - q)S_2}{2t(1 - K)}$。考虑到无差异曲线在平面坐标轴第一象限 $X \times Y \in [0, 1] \times [0, 1]$ 的位置，两个互补企业的需求存在多种方式。当无差异曲线相交于 $\theta = 0$ 和 $\theta = 1$ 之间，如图 5-3（a）所示，客户产品偏好占优于个性化服务偏好，本章称为垂直占优。当无差异曲线相交于 $x = 0$ 和 $x = 1$ 之间，如图 5-3（b）所示，客户个性化服务偏好占优于产品偏好，本章称为水平占优。本书旨在探究在线个性

化服务的影响及机理，因此，水平占优作为研究的主要内容，垂直占优在后续研究中另做探讨。

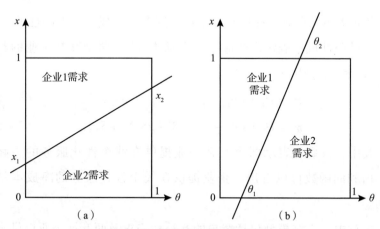

图 5-3　无差异曲线和对应需求

令 $x(\theta)=0$ 和 $x(\theta)=1$，可以得到交叉点 θ_1 和 θ_2，即：

$$\theta_1 = \frac{p_1 - p_2 - (v_1 - v_2) - t(1-K)}{(1-g)S_1 - (1-q)S_2}, \qquad (5-6)$$

$$\theta_2 = \frac{p_1 - p_2 - (v_1 - v_2) + t(1-K)}{(1-g)S_1 - (1-q)S_2}。 \qquad (5-7)$$

用 β 表示交叉价格系数，两个互补企业的需求 D_1 和 D_2 函数可分别表示为

$$D_1 = \theta_1 + \int_{\theta_1}^{\theta_2}(1-x)\,\mathrm{d}\theta - \beta p_2, \qquad (5-8)$$

$$D_2 = 1 - \theta_2 + \int_{\theta_1}^{\theta_2} x\,\mathrm{d}\theta - \beta p_1。 \qquad (5-9)$$

通过计算，可得

$$D_1 = \frac{1}{2} + \frac{2(v_1-v_2) - 2(p_1-p_2) + (1-g)S_1 - (1-q)S_2 - 4t(1-K)\beta p_2}{4t(1-K)},$$

$$(5-10)$$

$$D_2 = \frac{1}{2} + \frac{2(p_1 - p_2) - 2(v_1 - v_2) - (1-g)S_1 + (1-q)S_2 - 4t(1-K)\beta p_1}{4t(1-K)}。$$

$$(5-11)$$

假设 5.5 企业 1 提供互补个性化服务的净成本是上凸性的。

这种凸性成本表示广泛应用于文献中[1,4]。两个互补企业的利润函数 π_1 和 π_2 分别为

$$\pi_1 = D_1 \cdot (p_1 - c_1) - \delta\left[S_1^2 + (qS_2)^2\right], \qquad (5-12)$$

$$\pi_2 = D_2 \cdot (p_2 - c_2) - \delta\left[(gS_1)^2 + S_2^2\right]。 \qquad (5-13)$$

其中，参数 δ 表示两个互补企业提供在线个性化服务的边际成本。由利润函数可以看出，企业提供在线个性化服务的净成本是凸性的。

本章中，二维模型包括客户的互补性需求及两互补企业提供水平维差异在线个性化服务和垂直维互补产品。类似于舒尔曼（Shulman，2013）文中提到的[220]，该文章分析了一般模型的三种特殊情境，主要是基于如下考虑：（1）将产品价格影响和在线互补个性化服务有效地分离开来；（2）进而有效地揭示出互补度如何影响企业 1 对在线个性化服务的投资；（3）在此基础上，可以有效地揭示出互补企业提供在线个性化服务的重要条件。接下来，逐一分析三种情境，进而对其结果进行分析比较。

5.2.3 三种研究情境界定

考虑到在线互补企业提供在线个性化服务质量的差异性，本章分析了三种不同的情境：（1）差异化的在线个性服务：企业 1 只提供基本个性化服务 S_1，互补企业 2 只提供互补个性化服务 S_2；（2）质量差异化的互补个性化服务：企业 1 提供基本个性化服务 S_1 及低质量的互补个性化服务 qS_2，而互补企业 2 仅提供互补个性化服务 S_2；

（3）质量差异化的两种在线个性化服务：企业 1 提供基本个性化服务 S_1 及低质量的互补个性化服务 qS_2，互补企业 2 提供低质量的基本个性化服务 gS_1 及互补个性化服务 S_2。具体的研究情境及对应的客户效用函数如表 5-1 所示。

表 5-1   研究情境及客户效用函数

研究情境	参数设定范围	客户需求函数
情境 1	$g=0$，$q=0$	$U_1 = v_1 + \theta S_1 - t\mid x-z_1 \mid (1-K) - p_1$ $U_2 = v_2 + \theta S_2 - t\mid x-z_2 \mid (1-K) - p_2$
情境 2	$g=0$，$q<1$	$U_1 = v_1 + \theta(S_1 + qS_2) - t\mid x-z_1 \mid (1-K) - p_1$ $U_2 = v_2 + \theta S_2 - t\mid x-z_2 \mid (1-K) - p_2$
情境 3	$g<1$，$q<1$	$U_1 = v_1 + \theta(S_1 + qS_2) - t\mid x-z_1 \mid (1-K) - p_1$ $U_2 = v_2 + \theta(gS_1 + S_2) - t\mid x-z_2 \mid (1-K) - p_2$

5.2.4 博弈时序

本章重点考虑两互补企业间服务竞争问题，考虑两阶段博弈，第一阶段，两互补企业同时确定其产品价格；第二阶段，两互补企业选择提供最优的在线个性化服务水平。虽然两互补企业在产品价格和服务水平制定上存在先后次序，但在第二阶段中两互补企业均无法确知其在第一阶段所确定的产品价格，因此，该两阶段博弈仍属于静态博弈范畴。

本章采用逆向归纳法来求解这个二阶段博弈模型。首先，对互补企业利润函数分别关于在线个性化服务求一阶偏导数，求得最优在线个性化服务水平。其次，将最优服务水平代入利润函数，求关于价格的一阶偏导数，得到最优价格。模型从而得解。通过上述静态博弈的分析、推演和求解，两互补企业可以分别得到服务质量差异化情境下的最优服务水平，以及对应产品价格，从而能更好地指导互补企业间展开服务竞争。此外，还可以分析出不同服务质量对两互补企业的最优服务水平和产品定价的影响。

5.3　在线个性化服务提供策略

5.3.1　情境 1：差异化的在线个性化服务

首先，考虑两个互补企业提供差异化的在线个性化服务，即 $g = 0$ 和 $q = 0$。换言之，企业 1 仅在其官网或平台上提供基本个性化服务 S_1，而互补企业 2 仅提供互补个性化服务 S_2。将 $g = 0$ 和 $q = 0$ 代入式 （5-3）、式 （5-4），得到客户对两种产品及在线个性化服务的效用函数为 $U_1 = v_1 + \theta S_1 - t |x - z_1| (1 - K) - p_1$ 和 $U_2 = v_2 + \theta S_2 - t |x - z_2| (1 - K) - p_2$。

情境 1 下企业 1 的利润最大化问题，

$$\max_{p_1, S_1} \pi_1 = D_1 \cdot (p_1 - c_1) - \delta S_1^2$$

$$\text{s. t.} \quad \begin{cases} 0 < \dfrac{p_1 - p_2 - (v_1 - v_2) - t(1 - K)}{S_1 - S_2} < 1 \\[4mm] 0 < \dfrac{p_1 - p_2 - (v_1 - v_2) + t(1 - K)}{S_1 - S_2} < 1 \end{cases}, \qquad (5-14)$$

情境 1 下互补企业 2 的利润最大化问题，

$$\max_{p_2, S_2} \pi_2 = D_2 \cdot (p_2 - c_2) - \delta S_2^2$$

$$\text{s. t.} \quad \begin{cases} 0 < \dfrac{p_1 - p_2 - (v_1 - v_2) - t(1 - K)}{S_1 - S_2} < 1 \\[4mm] 0 < \dfrac{p_1 - p_2 - (v_1 - v_2) + t(1 - K)}{S_1 - S_2} < 1 \end{cases}。 \qquad (5-15)$$

引理 5.1 当 $g=0$ 和 $q=0$，两互补企业制定的最优价格分别为

$$p_1^* = \frac{\left[\varphi_1\varphi_2 + \varphi_1(v_1 - v_2) + \varphi_1 c_1 - c_1 + c_2\right](2\varphi_1 - 1)}{(2\varphi_1 - 1)^2 + (2\varphi_1\varphi_2\beta - \varphi_1 + 1)^2} -$$

$$\frac{\left[\varphi_1\varphi_2 - \varphi_1(v_1 - v_2) + \varphi_1 c_2 + c_1 - c_2\right](2\varphi_1\varphi_2\beta - \varphi_1 + 1)}{(2\varphi_1 - 1)^2 + (2\varphi_1\varphi_2\beta - \varphi_1 + 1)^2},$$

和

$$p_2^* = \frac{\left[\varphi_1\varphi_2 + \varphi_1(v_1 - v_2) + \varphi_1 c_1 - c_1 + c_2\right](2\varphi_1\varphi_2\beta - \varphi_1 + 1)}{(2\varphi_1 - 1)^2 + (2\varphi_1\varphi_2\beta - \varphi_1 + 1)^2} -$$

$$\frac{\left[\varphi_1\varphi_2 - \varphi_1(v_1 - v_2) + \varphi_1 c_2 + c_1 - c_2\right](2\varphi_1 - 1)}{(2\varphi_1 - 1)^2 + (2\varphi_1\varphi_2\beta - \varphi_1 + 1)^2};$$

两企业提供的最优在线个性化服务水平分别为

$$S_1^* = \frac{p_1^* - c_1}{\varphi_1} \text{ 和 } S_2^* = \frac{p_2^* - c_2}{\varphi_2}。$$

其中，$\varphi_1 = 16\delta t(1 - K)$ 和 $\varphi_2 = t(1 - K)$。

证明：情境 1 和情境 2 是情境 3 的两种特殊情形，因此，下文推导从一般形式进行求解。由式（5-12）、式（5-13），对利润函数分别求关于个性化服务 S_1 和 S_2 的一阶偏导数，可得

$$\frac{\partial \pi_1}{\partial S_1} = \frac{(p_1 - c_1)(1 - g)}{4t(1 - K)} - 2\delta S_1 = 0, \qquad (5-16)$$

$$\frac{\partial \pi_2}{\partial S_2} = \frac{(p_2 - c_2)(1 - q)}{4t(1 - K)} - 2\delta S_2 = 0。 \qquad (5-17)$$

从式（5-16）、式（5-17），可知

$$S_1 = \frac{(p_1 - c_1)(1 - g)}{8\delta t(1 - K)}, \qquad (5-18)$$

$$S_2 = \frac{(p_2 - c_2)(1 - q)}{8\delta t(1 - K)}。 \qquad (5-19)$$

将式（5-18）、式（5-19）代入式（5-14）、式（5-15），对利润函数求关于价格的一阶条件，可得

$$\frac{\partial \pi_1}{\partial p_1} = \frac{1}{2} + \frac{v_1 - v_2}{2t(1-K)} - \beta p_2 - \frac{2p_1 - p_2 - c_1}{2t(1-K)} +$$

$$\frac{(1-g)^2(p_1 - c_1) - (1-q)^2(p_2 - c_2)}{32\delta t^2 (1-K)^2} = 0, \quad (5-20)$$

$$\frac{\partial \pi_2}{\partial p_2} = \frac{1}{2} - \frac{v_1 - v_2}{2t(1-K)} - \beta p_1 - \frac{2p_2 - p_1 - c_2}{2t(1-K)} -$$

$$\frac{(1-g)^2(p_1 - c_1) - (1-q)^2(p_2 - c_2)}{32\delta t^2 (1-K)^2} = 0_\circ \quad (5-21)$$

联合式（5-20）、式（5-21），求关于 p_1 和 p_2 的方程组，可得

$$p_1^{***} = \frac{\begin{bmatrix} \varphi_1\varphi_2 + \varphi_1(v_1 - v_2) + \varphi_1 c_1 - c_1(1-g)^2 \\ + c_2(1-q)^2 \end{bmatrix}[2\varphi_1 - (1-q)^2]}{[2\varphi_1 - (1-g)^2][2\varphi_1 - (1-q)^2] + [2\varphi_1\varphi_2\beta - \varphi_1 + (1-g)^2][2\varphi_1\varphi_2\beta - \varphi_1 + (1-q)^2]} -$$

$$\frac{\begin{bmatrix} \varphi_1\varphi_2 - \varphi_1(v_1 - v_2) + \varphi_1 c_2 + c_1(1-g)^2 - \\ c_2(1-q)^2 \end{bmatrix}[2\varphi_1\varphi_2\beta - \varphi_1 + (1-q)^2]}{\begin{array}{c} [2\varphi_1 - (1-g)^2][2\varphi_1 - (1-q)^2] + [2\varphi_1\varphi_2\beta - \varphi_1 + \\ (1-g)^2][2\varphi_1\varphi_2\beta - \varphi_1 + (1-q)^2] \end{array}},$$

$$(5-22)$$

$$p_2^{***} = \frac{\begin{bmatrix} \varphi_1\varphi_2 + \varphi_1(v_1 - v_2) + \varphi_1 c_1 - c_1(1-g)^2 \\ + c_2(1-q)^2 \end{bmatrix}[2\varphi_1\varphi_2\beta - \varphi_1 + (1-g)^2]}{\begin{array}{c} [2\varphi_1 - (1-g)^2][2\varphi_1 - (1-q)^2] + [2\varphi_1\varphi_2\beta - \varphi_1 + \\ (1-g)^2][2\varphi_1\varphi_2\beta - \varphi_1 + (1-q)^2] \end{array}} -$$

$$\frac{\begin{bmatrix} \varphi_1\varphi_2 - \varphi_1(v_1 - v_2) + \varphi_1 c_2 + c_1(1-g)^2 - \\ c_2(1-q)^2 \end{bmatrix}[2\varphi_1 - (1-g)^2]}{\begin{array}{c} [2\varphi_1 - (1-g)^2][2\varphi_1 - (1-q)^2] + \\ [2\varphi_1\varphi_2\beta - \varphi_1 + (1-g)^2][2\varphi_1\varphi_2\beta - \varphi_1 + (1-q)^2] \end{array}},$$

$$(5-23)$$

其中，$\varphi_1 = 16\delta t(1-K)$ 和 $\varphi_2 = t(1-K)$。

需要考虑利润函数 $\pi_j(j=1, 2)$ 是否在（p_1^{***}, p_2^{***}）点处取得最大值，还需要验证海森矩阵。海森矩阵为

$$H = \begin{bmatrix} \dfrac{\partial^2 \pi_j}{\partial^2 p_1} & \dfrac{\partial^2 \pi_j}{\partial p_1 \partial p_2} \\[4mm] \dfrac{\partial^2 \pi_j}{\partial p_2 \partial p_1} & \dfrac{\partial^2 \pi_j}{\partial^2 p_2} \end{bmatrix} \circ \tag{5-24}$$

通过计算海森行列式值可知，

$$\frac{\partial^2 \pi_j}{\partial^2 p_1} \cdot \frac{\partial^2 \pi_j}{\partial^2 p_2} - \frac{\partial^2 \pi_j}{\partial p_1 \partial p_2} \cdot \frac{\partial^2 \pi_j}{\partial p_2 \partial p_1} > 0, \tag{5-25}$$

同时，

$$\frac{\partial^2 \pi_j}{\partial^2 p_1} = \frac{(1-g)^2 - 2\varphi_1 \varphi_2}{2\varphi_1 \varphi_2} < 0 \circ \tag{5-26}$$

因此，海森矩阵为负定矩阵，企业利润函数 $\pi_j(j=1,2)$ 为凹性的。从而 p_1^{***} 和 p_2^{***} 为企业的最优价格。将 p_1^{***} 和 p_2^{***} 代入式（5-18）和式（5-19），可以得到最优的在线个性化服务水平

$$S_1^{***} = \frac{(p_1^{***} - c_1)(1-g)}{\varphi_1}, \tag{5-27}$$

$$S_2^{***} = \frac{(p_2^{***} - c_2)(1-q)}{\varphi_2} \circ \tag{5-28}$$

回到情境1，$g=0$ 和 $q=0$，将其代入最优价格式（5-22）和式（5-23）及最优在线个性化服务水平式（5-27）和式（5-28），可以得到如上引理。证毕。

根据引理 5.1，对上述均衡结果进行比较静态分析，如表 5-2 所示：

表 5-2 　　　　　　　　　　情境 1 比较静态分析

参数	p_1^*	p_2^*	S_1^*	S_2^*	π_1^*	π_2^*
K	－	－	－	＋	／	＋

注：表中"＋"表示函数一阶偏导数为正；"－"表示函数一阶偏导数为负。

从表 5-2 可以看出，情境 1 下比较静态分析表明，当两互补企业提供差异化的在线个性化服务时，两互补企业制定的最优价格 p_1^* 和 p_2^* 均随着互补度 K 的增大而降低。值得注意的是，当企业 1 提供最优的基本个性化服务 S_1^* 和互补企业 2 提供最优的互补个性化服务 S_2^* 时，虽然企业的在线行为为客户提供了便利，但其削减了产品的价格。此外，当互补度增大时，企业 1 提供的最优基本个性化服务水平 S_1^* 则降低；而互补企业 2 提供的最优互补个性化服务水平 S_2^* 则升高。最后，在情境 1 下，企业 1 的最优利润 π_1^* 的符号尚不能确定，而互补企业 2 的最优利润 π_2^* 则随着两种产品互补度的增大而增大。图 5-4 用算例揭示互补度对最优产品价格和在线个性化服务水平的影响。

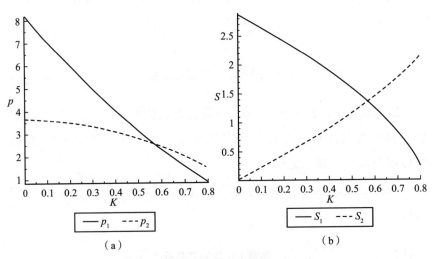

（a）　　　　　　　　　　　（b）

图 5-4　互补度对价格和服务的影响

注：$t = 1$，$c_1 = 0.1$，$c_2 = 0.1$，$\beta = 0.1$，$\delta = 0.1$。

图 5-4（a）表明，在情境 1 下，两种产品的最优价格均递减于互补度。图 5-4（b）表明最优的基本个性化服务水平随着互补度的

增加反而降低，而最优互补个性化服务水平则随着互补度的增加而增加。

5.3.2 情境 2：质量差异化的互补个性化服务

接下来考虑情境 2。不失一般性，考虑两个互补企业提供差异化质量的互补个性化服务，即 $q < 1$。换句话说，企业 1 提供基本的个性化服务 S_1 及低水平的互补个性化服务 qS_2；为了隔离互补个性化服务质量差异影响，互补企业 2 仅提供互补个性化服务 S_2，即 $g = 0$。此时，客户效用函数可以表示为 $U_1 = v_1 + \theta(S_1 + qS_2) - t|x - z_1|(1 - K) - p_1$ 及 $U_2 = v_2 + \theta S_2 - t|x - z_2|(1 - K) - p_2$。

则情境 2 下企业 1 的利润最大化问题为

$$\max_{p_1, S_1} \pi_1 = D_1 \cdot (p_1 - c_1) - \delta\left[S_1^2 + (qS_2)^2\right]$$

$$\text{s. t.} \quad \begin{cases} 0 < \dfrac{p_1 - p_2 - (v_1 - v_2) - t(1 - K)}{S_1 - (1 - q)S_2} < 1 \\[3mm] 0 < \dfrac{p_1 - p_2 - (v_1 - v_2) + t(1 - K)}{S_1 - (1 - q)S_2} < 1 \end{cases}, \qquad (5-29)$$

情境 2 下互补企业 2 的利润最大化问题为

$$\max_{p_2, S_2} \pi_2 = D_2 \cdot (p_2 - c_2) - \delta S_2^2$$

$$\text{s. t.} \quad \begin{cases} 0 < \dfrac{p_1 - p_2 - (v_1 - v_2) - t(1 - K)}{S_1 - (1 - q)S_2} < 1 \\[3mm] 0 < \dfrac{p_1 - p_2 - (v_1 - v_2) + t(1 - K)}{S_1 - (1 - q)S_2} < 1 \end{cases} \qquad (5-30)$$

将 $g = 0$ 和 $q < 1$ 代入式（5-22）、式（5-33），求解上述最大化问题，可得到如下引理。

引理 5.2 当 $g = 0$，$q < 1$，则两企业制定的均衡价格分别为

$$p_1^{**} = \frac{\left[\varphi_1\varphi_2 + \varphi_1(v_1 - v_2) + \varphi_1 c_1 - c_1 + c_2(1-q)^2\right]\left[2\varphi_1 - (1-q)^2\right]}{(2\varphi_1 - 1)\left[2\varphi_1 - (1-q)^2\right] + (2\varphi_1\varphi_2\beta - \varphi_1 + 1)\left[2\varphi_1\varphi_2\beta - \varphi_1 + (1-q)^2\right]} -$$

$$\frac{\left[\varphi_1\varphi_2 - \varphi_1(v_1 - v_2) + \varphi_1 c_2 + c_1 - c_2(1-q)^2\right]\left[2\varphi_1\varphi_2\beta - \varphi_1 + (1-q)^2\right]}{(2\varphi_1 - 1)\left[2\varphi_1 - (1-q)^2\right] + (2\varphi_1\varphi_2\beta - \varphi_1 + 1)\left[2\varphi_1\varphi_2\beta - \varphi_1 + (1-q)^2\right]} 和$$

$$p_2^{**} = \frac{\left[\varphi_1\varphi_2 + \varphi_1(v_1 - v_2) + \varphi_1 c_1 - c_1 + c_2(1-q)^2\right](2\varphi_1\varphi_2\beta - \varphi_1 + 1)}{(2\varphi_1 - 1)\left[2\varphi_1 - (1-q)^2\right] + (2\varphi_1\varphi_2\beta - \varphi_1 + 1)\left[2\varphi_1\varphi_2\beta - \varphi_1 + (1-q)^2\right]} -$$

$$\frac{\left[\varphi_1\varphi_2 - \varphi_1(v_1 - v_2) + \varphi_1 c_2 + c_1 - c_2(1-q)^2\right](2\varphi_1 - 1)}{(2\varphi_1 - 1)\left[2\varphi_1 - (1-q)^2\right] + (2\varphi_1\varphi_2\beta - \varphi_1 + 1)\left[2\varphi_1\varphi_2\beta - \varphi_1 + (1-q)^2\right]}。$$

两企业提供的最优在线个性化服务水平分别为

$$S_1^{**} = \frac{p_1^{**} - c_1}{\varphi_1} 和 S_2^{**} = \frac{(p_2^{**} - c_2)(1-q)}{\varphi_2}$$

其中，$\varphi_1 = 16\delta t(1-K)$ 和 $\varphi_2 = t(1-K)$。

引理 5.2 给出了情境 2 下两互补企业的均衡结果，对其结果进行比较静态分析，如表 5-3 所示。

表 5-3　　　　　　　　　　情境 2 比较静态分析

参数	p_1^{**}	p_2^{**}	S_1^{**}	S_2^{**}	π_1^{**}	π_2^{**}
q	+	−	+	−	−	+

注：表中"+"表示函数一阶偏导数为正；"−"表示函数一阶偏导数为负。

情境 2 下，当企业 1 单方面提供最优的基本个性化服务水平 S_1^{**} 及较低质量最优的互补个性化服务水平 S_2^{**}，由比较静态分析可知，企业 1 的最优价格 p_1^{**} 随着服务质量 q 的增加而增加。而互补企业 2 的最优价格 p_2^{**} 则随着服务质量 q 的增加而递减。同时，最优基本个性化服务水平 S_1^{**} 随着服务质量 q 的增大而增大；但最优互补个性化服务水平 S_2^{**} 则递减于服务质量 q。值得注意的是，互补企业 2 的最优利润 π_2^{**} 随着服务质量 q 的增加而增加。图 5-5 用算例阐释了企业 1 提供互补个性化服务质量对最优产品定价、最优服务水平以及企业利润的影响。

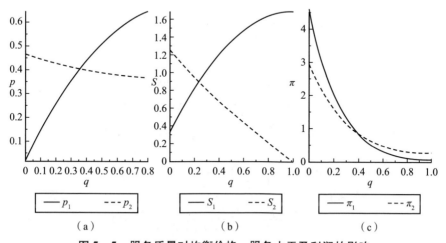

（a）　　　　　　（b）　　　　　　（c）

图 5 - 5　服务质量对均衡价格、服务水平及利润的影响

注：$t = 1$，$c_1 = 0.1$，$c_2 = 0.1$，$v_1 = 1$，$v_2 = 0.5$，$\beta = 0.1$，$\delta = 0.1$，$K = 0.7$。

图 5 - 5 表明，在情境 2 下，企业 1 的最优价格随着企业 1 提供的互补个性化服务质量的提高而增加，而互补企业 2 的价格则递减于互补个性化服务的质量；最优的基本个性化服务水平随着互补个性化服务的质量增加而增加，而最优互补个性化服务水平递减于互补个性化服务的质量；两互补企业的利润均递减于互补个性化服务的质量。

5.3.3　情境 3：质量差异化的两种在线个性化服务

接下来考虑一般情况，放松对服务质量 g 和 q 的约束，即 $g < 1$ 和 $q < 1$。换句话说，企业 1 提供基本个性化服务 S_1 及低质量的互补个性化服务 qS_2，互补企业 2 提供低质量的基本个性化服务 gS_1 及互补个性化服务 S_2。因此，客户效用函数分别为 $U_1 = v_1 + \theta(S_1 + qS_2) -$

$t|x-z_1|(1-K)-p_1$ 和 $U_2 = v_2 + \theta(gS_1 + S_2) - t|x-z_2|(1-K) - p_2$。

情境 3 下的企业的利润最大化问题为

$$\max_{p_1,S_1}\pi_1 = D_1 \cdot (p_1 - c_1) - \delta[S_1^2 + (qS_2)^2]$$

$$\text{s. t.} \begin{array}{l} 0 < \dfrac{p_1 - p_2 - (v_1 - v_2) - t(1-K)}{(1-g)S_1 - (1-q)S_2} < 1 \\[3mm] 0 < \dfrac{p_1 - p_2 - (v_1 - v_2) + t(1-K)}{(1-g)S_1 - (1-q)S_2} < 1 \end{array}, \qquad (5-31)$$

情境 3 下互补企业 2 的利润最大化问题为

$$\max_{p_2,S_2}\pi_2 = D_2 \cdot (p_2 - c_2) - \delta[(gS_1)^2 + S_2^2]$$

$$\text{s. t.} \begin{array}{l} 0 < \dfrac{p_1 - p_2 - (v_1 - v_2) - t(1-K)}{(1-g)S_1 - (1-q)S_2} < 1 \\[3mm] 0 < \dfrac{p_1 - p_2 - (v_1 - v_2) + t(1-K)}{(1-g)S_1 - (1-q)S_2} < 1 \end{array}。 \qquad (5-32)$$

求解上述情境 3 一般化问题，可得到如下引理。

引理 5.3 当 $g < 1$ 和 $q < 1$，那么两互补企业制定的最优价格分别为

$$p_1^{***} = \frac{\begin{bmatrix} \varphi_1\varphi_2 + \varphi_1(v_1 - v_2) + \varphi_1 c_1 - c_1(1-g)^2 + \\ c_2(1-q)^2 \end{bmatrix}[2\varphi_1 - (1-q)^2]}{[2\varphi_1 - (1-g)^2][2\varphi_1 - (1-q)^2] + [2\varphi_1\varphi_2\beta - \varphi_1 + (1-g)^2][2\varphi_1\varphi_2\beta - \varphi_1 + (1-q)^2]} -$$

$$\frac{\begin{bmatrix} \varphi_1\varphi_2 - \varphi_1(v_1 - v_2) + \varphi_1 c_2 + c_1(1-g)^2 - \\ c_2(1-q)^2 \end{bmatrix}[2\varphi_1\varphi_2\beta - \varphi_1 + (1-q)^2]}{[2\varphi_1 - (1-g)^2][2\varphi_1 - (1-q)^2] + [2\varphi_1\varphi_2\beta - \varphi_1 + (1-g)^2][2\varphi_1\varphi_2\beta - \varphi_1 + (1-q)^2]}$$

和

$$p_2^{***} = \frac{\begin{bmatrix} \varphi_1\varphi_2 + \varphi_1(v_1 - v_2) + \varphi_1 c_1 - c_1(1-g)^2 + \\ c_2(1-q)^2 \end{bmatrix}[2\varphi_1\varphi_2\beta - \varphi_1 + (1-g)^2]}{[2\varphi_1 - (1-g)^2][2\varphi_1 - (1-q)^2] + [2\varphi_1\varphi_2\beta - \varphi_1 + (1-g)^2][2\varphi_1\varphi_2\beta - \varphi_1 + (1-q)^2]} -$$

$$\frac{\begin{bmatrix} \varphi_1\varphi_2 - \varphi_1(v_1 - v_2) + \varphi_1 c_2 + \\ c_1(1-g)^2 - c_2(1-q)^2 \end{bmatrix}\begin{bmatrix} 2\varphi_1 - (1-g)^2 \end{bmatrix}}{\begin{bmatrix} 2\varphi_1 - (1-g)^2 \end{bmatrix}\begin{bmatrix} 2\varphi_1 - (1-q)^2 \end{bmatrix} + \begin{bmatrix} 2\varphi_1\varphi_2\beta - \\ \varphi_1 + (1-g)^2 \end{bmatrix}\begin{bmatrix} 2\varphi_1\varphi_2\beta - \varphi_1 + (1-q)^2 \end{bmatrix}}\circ$$

两企业提供的最优在线个性化服务水平分别为

$$S_1^{***} = \frac{(p_1^{***} - c_1)(1-g)}{\varphi_1}, \ \ \text{和} \ S_2^{***} = \frac{(p_2^{***} - c_2)(1-q)}{\varphi_2}\circ$$

其中，$\varphi_1 = 16\delta t(1-K)$ 和 $\varphi_2 = t(1-K)$。

根据引理 5.3，对其均衡结果进行比较静态分析，如表 5 - 4 所示。

表 5 - 4　　　　　　　　　情境 3 比较静态分析

参数	p_1^{***}	p_2^{***}	S_1^{***}	S_2^{***}	π_1^{***}	π_2^{***}
g	+	−	−	−	/	+

注：表中 " + " 表示函数一阶偏导数为正；" − " 表示函数一阶偏导数为负。

由表 5 - 4 可知，情境 3 下，两互补企业同时提供两种质量差异化的互补个性化服务，最优的在线个性化服务水平 S_1^{***} 和 S_2^{***} 均递减于服务质量 g。同时，企业 1 的最优价格 p_1^{***} 随着服务质量 g 的增大而提高，而互补企业 2 的最优价格 p_2^{***} 则递减于服务质量 g。此外，互补企业 2 的最优利润 π_2^{***} 随着服务质量的提高而不断增大。图 5 - 6 用算例揭示了互补企业 2 提供基本个性化服务的质量对最优价格及服务水平的影响。

图 5 - 6 表明，在情境 3 下，两互补企业同时提供差异化质量的互补个性化服务，企业 1 的最优价格随着互补企业 2 提供的基本个性化服务质量的增加而增加，而互补企业 2 的价格则递减于其提供的基本个性化服务质量。两种在线个性化服务水平均递减于互补企业 2 提

供的互补个性化服务质量。

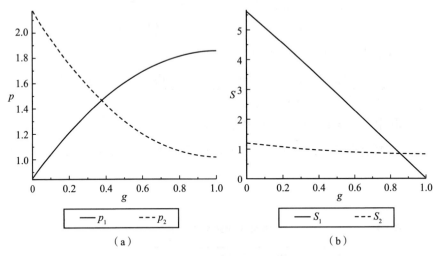

图 5-6 服务质量 g 对均衡价格和服务水平的影响

注：$t=1$，$c_1=1$，$c_2=1$，$v_1=10$，$v_2=1$，$\beta=0.1$，$\delta=0.1$，$K=0.9$，$q=0.7$。

5.4 互补度的影响

分析完三种情境下，两互补企业的最优策略，本节开始探讨互补度对两互补企业利润的影响。由于本章侧重于研究在线个性化服务对企业的影响，为了将水平和垂直维度的交叉影响弱化，因而在构建模型时，只将互补度引入垂直维中。这样可以有效地揭示出互补度如何影响企业 1 对在线个性化服务的投资。在此基础上，可以有效地揭示出互补企业提供在线个性化服务的重要条件。

由引理 5.1～引理 5.3 可知，将最优的个性化服务水平代入式（5-12）、式（5-13），可得，

情境 1 下，两互补企业的最优利润为

$$\pi_1^* = \left[\frac{1}{2} + \frac{p_1^* - p_2^* - c_1 + c_2}{4\varphi_1\varphi_2} - \beta p_2^* + \frac{2(v_1 - v_2) - 2(p_1^* - p_2^*)}{4\varphi_2} \right](p_1^* - c_1) - \delta\left(\frac{p_1^* - c_1}{\varphi_1}\right)^2,$$

$$(5-33)$$

$$\pi_2^* = \left[\frac{1}{2} - \frac{p_1^* - p_2^* - c_1 + c_2}{4\varphi_1\varphi_2} - \beta p_1^* + \frac{2(p_1^* - p_2^*) - 2(v_1 - v_2)}{4\varphi_2} \right](p_2^* - c_2) - \delta\left(\frac{p_2^* - c_2}{\varphi_1}\right)^2。$$

$$(5-34)$$

情境 2 下，两互补企业的最优利润为

$$\pi_1^{**} = \left[\frac{1}{2} + \frac{2(v_1 - v_2) - 2(p_1^{**} - p_2^{**})}{4\varphi_2} - \beta p_2^{**} + \frac{(p_1^{**} - c_1) - (p_2^{**} - c_2)(1-q)^2}{4\varphi_1\varphi_2} \right](p_1^{**} - c_1) -$$

$$\delta\left[\left(\frac{p_1^{**} - c_1}{\varphi_1}\right)^2 + \left(\frac{q(p_2^{**} - c_2)(1-q)}{\varphi_1}\right)^2 \right], \qquad (5-35)$$

$$\pi_2^{**} = \left[\frac{1}{2} + \frac{2(p_1^{**} - p_2^{**}) - 2(v_1 - v_2)}{4\varphi_2} - \beta p_1^{**} - \frac{(p_1^{**} - c_1) - (p_2^{**} - c_2)(1-q)^2}{4\varphi_1\varphi_2} \right](p_2^{**} - c_2) -$$

$$\delta\left[\frac{(p_2^{***} - c_2)(1-q)}{\varphi_1} \right]^2。 \qquad (5-36)$$

情境 3 下，两互补企业的最优利润为

$$\pi_1^{***} = \left[\frac{1}{2} + \frac{2(v_1 - v_2) - 2(p_1^{***} - p_2^{***})}{4\varphi_2} - \beta p_2^{***} + \frac{(1-g)^2(p_1^{***} - c_1) - (1-q)^2(p_2^{***} - c_2)}{4\varphi_1\varphi_2} \right](p_1^{***} - c_1) -$$

$$\delta \left[\frac{(p_1^{***}-c_1)^2(1-g)^2}{\varphi_1^2} + \frac{q(p_2^{***}-c_2)^2(1-q)^2}{\varphi_1^2}\right], \quad (5-37)$$

$$\pi_2^{***} = \left[\frac{1}{2} + \frac{2(p_1^{***}-p_2^{***})-2(v_1-v_2)}{4\varphi_2} - \beta p_1^{***} - \frac{(1-g)^2(p_1^{***}-c_1)-(1-q)^2(p_2^{***}-c_2)}{4\varphi_1\varphi_2}\right](p_2^{***}-c_2) -$$

$$\delta \left[\frac{g(p_1^{***}-c_1)^2(1-g)^2}{\varphi_1^2} + \frac{(p_2^{***}-c_2)^2(1-q)^2}{\varphi_1^2}\right]. \quad (5-38)$$

接下来，分析三种情境下，企业最优利润如何受互补度 K 的影响。比较企业 1 在三种情境下的最优利润，可以发现 π_1^* 与 π_1^{***}、π_1^{**} 与 π_1^{***} 分别相交于两点。换句话说，即存在两个阈值，K' 和 K''，满足 $0 < K' < K'' < 1$，其中 $K' = \{K \mid \pi_1^* = \pi_1^{***}，且 0 < K < 1\}$，$K'' = \{K \mid \pi_1^{**} = \pi_1^{***}，且 0 < K < 1\}$。

命题 5.1 当 $K < K'$ 时，则 $\pi_1^{**} > \pi_1^* > \pi_1^{***}$。

命题 5.1 表明，当互补度处于较低水平时，质量差异化的互补个性化服务（情境 2）所获得的最优利润明显优于仅两企业提供差异化个性化服务（情境 1）和两企业同时提供差异化质量的两种在线个性化服务（情境 3）的情形。此外，相对于两企业提供差异化个性化服务（情境 1）的情形而言，两企业同时提供差异化质量的在线个性化服务时（情境 2 和情境 3），企业 1 的最优利润最差。命题 5.1 暗示，当互补度较低时，企业间展开差异化质量的在线个性化服务竞争，对企业 1 而言，明显削减其利润。

命题 5.2 当 $K > K''$ 时，则 $\pi_1^{***} > \pi_1^{**} > \pi_1^*$。

命题5.2说明，当互补度处于较高水平时，企业间加大差异化质量的在线个性化服务竞争，有利于促进企业1利润的提高。这是因为两种在线个性化服务之间存在较高互补性，如果增加在线互补个性化服务，一方面可以大幅度地降低客户信息过滤时间，另一方面可以最大限度地激发客户的潜在需求。

命题5.2表明，在互补度较高的情况下，企业1单方面提供互补个性化服务给客户，同样能促使利润的提高。这就暗示，既然企业1单方面提供个性化服务能获得较高的收益，那么互补企业2也有动机同样提供两种个性化服务，而不是选择采用"free ride"。这点看似与常理相悖，事实上本章所研究的在线个性化服务策略与传统互补品定价策略存在一定的差异。一种情况是作为捆绑销售的互补品，商家可以给予畅销品定高价格，滞销互补品定低价，利用互补品之间的溢出效应而使得收益最大化。另一种情况是两企业分别出售具有互补关系的产品，一个企业采用营销策略促使其产品需求上升，同时会拉动另一种产品的需求，通常另一企业会选择搭便车策略。而在线个性化服务的提供都是免费的，企业1不可能向客户索取费用，而且客户可以自由选择并使用企业提供的在线个性化服务，企业1无法对客户实施监管和约束，否则客户将会退出当前市场。

命题5.3 当 $K' < K < K''$ 时，则 $\pi_1^{**} > \pi_1^{***} > \pi_1^*$。

命题5.3表明，当互补度处于中等水平时，企业1单方面率先提供互补个性化服务（情境2）所获得的最优利润优于两互补企业提供差异化质量的两种在线个性化服务（情境3）的情形。而且两互补企业同时提供差异化质量的两种在线个性化服务（情境3）优于两互补企业分别提供差异化个性化服务（情境1）的情形。与命题5.2不同的是，互补度处于中等水平时，企业1单方面提供两种个性化服务可以获得较高的利润。这也暗示互补企业2有动机同样提供两种个性化服务给在线客户。

在分析完企业1的利润变化情况后，接下来讨论互补企业2。

命题 5.4 当 $K \in (0, 1)$，互补企业 2 的最优利润 $\pi_2^* > \pi_2^{**} > \pi_2^{***}$。

命题 5.4 表明，通过比较三种情境下，互补企业 2 的最优利润，不难发现，当企业 1 单方面（情境 2）提供互补个性化服务，事实上是对互补企业 2 利益的损害。当两互补企业提供差异化的个性化服务（情境 1）所获得的利润显然高于其他两种情境。因此，在存在水平在线个性化服务竞争的情形下，互补度对企业利润的影响不显著。

为直观地揭示互补度对两企业利润的影响，本节采用算例研究，分别对企业 1 和互补企业 2 在三种情况下的最优利润进行比较，如图 5 - 7 所示。

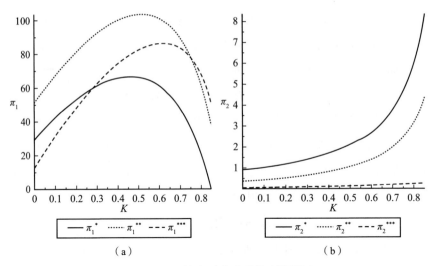

（a）　　　　　　　　　　　（b）

图 5 - 7　互补度对企业均衡利润影响

注：$t = 1$，$c_1 = 1$，$c_2 = 0.1$，$v_1 = 12$，$v_2 = 1$，$\beta = 0.1$，$\delta = 0.1$。

5.5　企业最优决策

上节分析了三种情境下，互补度对两互补企业均衡利润的影响，本节开始重点讨论一般情况下即两互补企业同时提供差异化质量的在线个性化服务，两互补企业的最优利润变化情况以及所需要满足的条件。

命题 5.5　考虑两互补企业提供差异化质量的基本个性化服务 S_1 和互补个性化服务 S_2，即 $g < 1$，$q < 1$，存在两个服务质量阈值 g' 和 g''，且满足 $0 < g'' < g' < 1$，则

（1）（win-lose）当 $g < g''$ 时，互补企业 2 提供基本个性化服务 S_1 提高企业 1 的利润，反而会削减互补企业 2 的利润；

（2）（win-win）当 $g'' < g < g'$ 时，互补企业 2 提供基本个性化服务 S_1 将同时增加两个企业的利润；

（3）（lose-win）当 $g > g'$ 时，互补企业 2 提供基本个性化服务 S_1 提高互补企业 2 的利润，反而会削减企业 1 的利润。

证明：为揭示差异化质量条件下基本个性化服务和互补个性化服务的影响，由引理 5.3 可知，将均衡价格和服务水平代入利润函数式（5-12）、式（5-13），可得

$$\pi_1^{***} = \left[\frac{1}{2} + \frac{2(v_1 - v_2) - 2(p_1^{***} - p_2^{***})}{4\varphi_2} + \right.$$

$$\left. \frac{(1-g)^2(p_1^{***} - c_1) - (1-q)^2(p_2^{***} - c_2)}{4\varphi_1\varphi_2} - \beta p_2^{***} \right](p_1^{***} - c_1) -$$

$$\delta \left[\frac{(p_1^{***} - c_1)^2(1-g)^2}{\varphi_1^2} + \frac{q(p_2^{***} - c_2)^2(1-q)^2}{\varphi_1^2} \right], \qquad (5-39)$$

$$\pi_2^{***} = \left[\frac{1}{2} + \frac{2(p_1^{***} - p_2^{***}) - 2(v_1 - v_2)}{4\varphi_2} - \right.$$

$$\left. \frac{(1-g)^2(p_1^{***} - c_1) - (1-q)^2(p_2^{***} - c_2)}{4\varphi_1\varphi_2} - \beta p_1^{***} \right] \cdot (p_2^{***} - c_2) -$$

$$\delta \left[\frac{g(p_1^{***} - c_1)^2(1-g)^2}{\varphi_1^2} + \frac{(p_2^{***} - c_2)^2(1-q)^2}{\varphi_1^2} \right]。 \qquad (5-40)$$

由式（5-33）、式（5-34）和式（5-39）、式（5-40），比

较情境 3 与情境 1 下，两互补企业的利润变化，并对其差值关于服务质量 g 求一阶偏导数，可得

$$\frac{\partial(\pi_1^{***} - \pi_1^*)}{\partial g} = \frac{\partial \pi_1^{***}}{\partial g} = \frac{\partial}{\partial g}\left\{\left[\frac{1}{2} + \frac{2(v_1 - v_2) - 2(p_1^{***} - p_2^{***})}{4\varphi_2} + \right.\right.$$

$$\frac{(1-g)^2(p_1^{***} - c_1) - (1-q)^2(p_2^{***} - c_2)}{4\varphi_1\varphi_2} -$$

$$\left.\beta p_2^{***}\right] \cdot (p_1^{***} - c_1)\right\} - \delta \frac{\partial}{\partial g}\left[\frac{(p_1^{***} - c_1)^2(1-g)^2}{\varphi_1^2} + \right.$$

$$\left.\frac{q(p_2^{***} - c_2)^2(1-q)^2}{\varphi_1^2}\right] < 0, \qquad (5-41)$$

$$\frac{\partial(\pi_2^{***} - \pi_2^*)}{\partial g} = \frac{\partial \pi_2^{***}}{\partial g} = \frac{\partial}{\partial g}\left\{\left[\frac{1}{2} + \frac{2(p_1^{***} - p_2^{***}) - 2(v_1 - v_2)}{4\varphi_2} - \right.\right.$$

$$\frac{(1-g)^2(p_1^{***} - c_1) - (1-q)^2(p_2^{***} - c_2)}{4\varphi_1\varphi_2} - \beta p_1^{***}\right] \cdot$$

$$\left.(p_2^{***} - c_2)\right\} - \delta \frac{\partial}{\partial g}\left[\frac{g(p_1^{***} - c_1)^2(1-g)^2}{\varphi_1^2} + \right.$$

$$\left.\frac{(p_2^{***} - c_2)^2(1-q)^2}{\varphi_1^2}\right] > 0。 \qquad (5-42)$$

因此，根据一阶条件判定连续函数单调性的性质可知，$\pi_1^{***} - \pi_1^*$ 递减于服务质量 g，而 $\pi_2^{***} - \pi_2^*$ 递增于服务质量 g。

令 $g' = \{g \mid \pi_1^{***} - \pi_1^* - \pi_2^{***} + \pi_2^* = 0, 0 < g < 1\}$，则，方程 $\pi_1^{***} - \pi_1^* - \pi_2^{***} + \pi_2^* = 0$ 关于 g 单调，因此，g' 是唯一的。

同理，由式（5-35）、式（5-36）和式（5-39）、式（5-40），考虑情境 3 与情境 2 下企业的利润变化。

$$\frac{\partial(\pi_1^{***} - \pi_1^{**})}{\partial g} = \frac{\partial \pi_1^{***}}{\partial g} < 0, \qquad (5-43)$$

$$\frac{\partial(\pi_2^{***} - \pi_2^{**})}{\partial g} = \frac{\partial \pi_2^{***}}{\partial g} > 0。 \qquad (5-44)$$

令 $g'' = \{g \mid \pi_1^{***} - \pi_1^{**} - \pi_2^{***} + \pi_2^{**} = 0, 0 < g < 1\}$。因此，$g''$ 也是唯一的，且 $g' < g''$。证毕。通过分析服务质量 g 与 g' 和 g'' 的大小，很容易得到如下结果。

命题 5.5 表明，当两互补企业提供差异化质量的在线个性化服务时，其最优利润随着服务质量的变化而变化。首先，当互补企业 2 提供的基本个性化服务处于较低水平时，会促使企业 1 最优利润的提升；反而会降低互补企业 2 的利润。这是因为，互补企业 2 提供较低质量的基本个性化服务，会促使客户转向企业 1，使用更多企业 1 提供的基本个性化服务，获取更多的产品信息，进而会提高企业所获得的客户偏好信息收益。这种情形下，会导致"win-lose"，即企业 1 利润增加而互补企业 2 利益削减。

其次，当互补企业 2 提供的基本个性化服务处于较高水平时，客户会充分使用其提供的基本个性化服务，从中获取更多的产品信息，以获得更高的互补品间的溢出效用，进而互补企业 2 会获得更高的客户偏好信息价值。因此，互补企业 2 利润增加，而企业 1 的利润则会减少。这就导致"lose-win"局面的出现。

通过上述两种情形的比较分析不难发现，两互补企业分别提供两种差异化质量的互补个性化服务时，若互补企业 2 提供的基本个性化服务质量较低，会损失自身利益。因此，互补企业 2 会提高基本个性化服务水平，为获得更高的利润。若互补企业 2 提供的基本个性化服务质量较高时，尽管互补企业 2 的利润提高了，但是削减了企业 1 的利润。那对于企业 1 而言，其必然会提高其提供的互补个性化服务的质量以保证自身的利润。从而可知，这两种情形并不是最优的结果。因此，只有当互补企业 2 提供的基本个性化服务水平处于中等水平，即介于两个阈值之间时，两企业利润均能提升，从而达到"win-win"状态。这种双赢局面，也是两互补企业的最优状态。

为了直观地展示命题 5.5 的结果，以及"win-lose""win-win"

"lose-win"分布区域，图 5 - 8 给出了一般情境下两互补企业的利润比较。

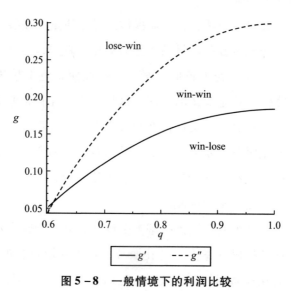

图 5 - 8　一般情境下的利润比较

注：$t = 0.1$，$c_1 = 0.1$，$c_2 = 0.1$，$v_1 = 1.1$，$v_2 = 0.1$，$\beta = 0.1$，$\delta = 0.1$，$K = 0.4$，$q = 0.7$。

图 5 - 8 表明，两互补企业提供差异化质量的个性化服务，当服务质量变化时，互补企业 2 提供的互补个性化服务存在两个阈值。当互补企业 2 提供的互补个性化服务质量处于较低水平时，企业 1 利润递增，而互补企业 2 的利润递减；当互补个性化服务处于中等水平时，两互补企业的利润都递增；当互补个性化服务处于较高水平时，企业 1 的利润递减，而互补企业 2 的利润则递增。此外，图 5 - 8 给出了"win-lose""win-win""lose-win"三种情形的区域划分，这也直观地诠释了命题 5.5 所给出的结论。

5.6 拓展研究

前文分析了水平服务占优的情境，本节考虑两企业提供两种在线个性化服务的最优策略以及对各自利润及价格的影响。因此，接下来考虑垂直产品偏好占优的情境。由式（5-3）、式（5-4）可知客户需求函数，无差异曲线 $U_1 = U_2$ 为

$$\theta(x) = \frac{(p_1 - p_2) - (v_1 - v_2) + t(1 - K)(2x - 1)}{(1 - g)S_1 - (1 - q)S_2}。 \quad (5-45)$$

令 $\theta(x) = 0$ 和 $\theta(x) = 1$，可得交点为

$$x_1 = \frac{v_1 - v_2 - (p_1 - p_2) + t(1 - K)}{2t(1 - K)}, \quad (5-46)$$

$$x_2 = \frac{v_1 - v_2 - (p_1 - p_2) + t(1 - K) + (1 - g)S_1 - (1 - q)S_2}{2t(1 - K)}。$$
$$(5-47)$$

那么，垂直产品占优下，两种需求函数分别为

$$D_1 = x_1 + \int_{x_1}^{x_2} (1 - \theta)\,\mathrm{d}x，\text{ 和} \quad (5-48)$$

$$D_2 = 1 - x_2 + \int_{x_1}^{x_2} \theta\,\mathrm{d}x。 \quad (5-49)$$

两企业的利润函数分别为

$$\pi_1 = D_1 \cdot (p_1 - c_1) - \delta[S_1^2 + (qS_2)^2], \quad (5-50)$$

$$\pi_2 = D_2 \cdot (p_2 - c_2) - \delta[(gS_1)^2 + S_2^2]。 \quad (5-51)$$

引理 5.4 当垂直产品占优时，两企业提供的最优的在线个性化服务水平分别为

$$S_1^* = \frac{(1 - g)[6\delta(\varphi_1 + \varphi_2) - (1 - q)^2]}{6\delta[12\varphi_1\delta - (1 - g)^2 - (1 - q)^2]}$$

和

$$S_2^* = \frac{(1-q)\left[6\delta(\varphi_1 - \varphi_2) - (1-g)^2\right]}{6\delta\left[12\varphi_1\delta - (1-g)^2 - (1-q)^2\right]}。$$

两企业制定的最优产品价格分别为

$$p_1^* = \frac{1}{6}\left[\varphi_1 + \varphi_2 + 6c_1 + \frac{(1-g)^2(\varphi_1 + \varphi_2) - (1-q)^2(\varphi_1 - \varphi_2)}{12\varphi_1\delta - (1-g)^2 - (1-q)^2}\right]$$

和

$$p_2^* = \frac{1}{6}\left[\varphi_1 - \varphi_2 + 6c_2 - \frac{(1-g)^2(\varphi_1 + \varphi_2) - (1-q)^2(\varphi_1 - \varphi_2)}{12\varphi_1\delta - (1-g)^2 - (1-q)^2}\right]。$$

其中，$\varphi_1 = 6t(1-K)$ 和 $\varphi_2 = 2(v_1 - v_2) - 2c_1 + 2c_2$。

证明：由上面利润函数，求关于价格的一阶条件，可得

$$\frac{\partial\pi_1}{\partial p_1} = \frac{1}{2} + \frac{2(v_1 - v_2) + (1-g)S_1 - (1-q)S_2}{4t(1-K)} - \frac{2p_1 - p_2 - c_1}{2t(1-K)} = 0,$$

$$(5-52)$$

$$\frac{\partial\pi_2}{\partial p_2} = \frac{1}{2} + \frac{2(v_1 - v_2) - (1-g)S_1 + (1-q)S_2}{4t(1-K)} - \frac{-2p_2 + p_1 + c_2}{2t(1-K)} = 0。$$

$$(5-53)$$

联合求解，可得

$$p_1 = \frac{1}{6}\left[\varphi_1 + \varphi_2 + 6c_1 + (1-g)S_1 - (1-q)S_2\right], \quad (5-54)$$

$$p_2 = \frac{1}{6}\left[\varphi_1 - \varphi_2 + 6c_2 - (1-g)S_1 + (1-q)S_2\right]。\quad (5-55)$$

其中，$\varphi_1 = 6t(1-K)$ 和 $\varphi_2 = 2(v_1 - v_2) - 2c_1 + 2c_2$。将式（5-54）、式（5-55）代入利润函数式（5-50）、式（5-51），求关于个性化服务 S_1 和 S_2 的一阶条件，可得

$$\frac{\partial\pi_1}{\partial S_1} = \frac{1-g}{6\varphi_1}\left[\varphi_1 + \varphi_2 + (1-g)S_1 - (1-q)S_2\right] - 2\delta S_1 = 0$$

$$(5-56)$$

和

$$\frac{\partial \pi_2}{\partial S_2} = \frac{1-q}{6\varphi_1} \left[\varphi_1 - \varphi_2 - (1-g)S_1 + (1-q)S_2 \right] - 2\delta S_2 = 0 \,。$$

$$(5-57)$$

联合式（5-56）和式（5-57）求解，可得最优的个性化服务水平为：

$$S_1^* = \frac{(1-g)\left[6\delta(\varphi_1 + \varphi_2) - (1-q)^2 \right]}{6\delta\left[12\varphi_1\delta - (1-g)^2 - (1-q)^2 \right]} \qquad (5-58)$$

和

$$S_2^* = \frac{(1-q)\left[6\delta(\varphi_1 - \varphi_2) - (1-g)^2 \right]}{6\delta\left[12\varphi_1\delta - (1-g)^2 - (1-q)^2 \right]} \,。 \qquad (5-59)$$

需要考虑利润函数 $\pi_j (j=1,2)$ 是否在 (S_1^{***}, S_2^{***}) 点处取得最大值，还需要验证海森矩阵。海森矩阵为

$$H = \begin{bmatrix} \dfrac{\partial^2 \pi_j}{\partial^2 S_1} & \dfrac{\partial^2 \pi_j}{\partial S_1 \partial S_2} \\[3mm] \dfrac{\partial^2 \pi_j}{\partial S_2 \partial S_1} & \dfrac{\partial^2 \pi_j}{\partial^2 S_2} \end{bmatrix} \,。 \qquad (5-60)$$

通过计算海森行列式值可知，

$$\frac{\partial^2 \pi_j}{\partial^2 S_1} \cdot \frac{\partial^2 \pi_j}{\partial^2 S_2} - \frac{\partial^2 \pi_j}{\partial S_1 \partial S_2} \cdot \frac{\partial^2 \pi_j}{\partial S_2 \partial S_1} > 0 \,, \qquad (5-61)$$

同时，

$$\frac{\partial^2 \pi_j}{\partial^2 S_1} = \frac{(1-g)^2 - 12\varphi_1\delta}{6\varphi_1} < 0 \,。 \qquad (5-62)$$

因此，海森矩阵为负定矩阵，企业利润函数 $\pi_j (j=1,2)$ 为凹性的。从而 S_1^{***} 和 S_2^{***} 为企业的最优价格。将 S_1^{***} 和 S_2^{***} 代入式（5-18）和式（5-19），可以得到最优的个性化服务水平

$$p_1^* = \frac{1}{6}\left[\varphi_1 + \varphi_2 + 6c_1 + \frac{(1-g)^2(\varphi_1 + \varphi_2) - (1-q)^2(\varphi_1 - \varphi_2)}{12\varphi_1\delta - (1-g)^2 - (1-q)^2} \right]$$

$$(5-63)$$

和

$$p_2^* = \frac{1}{6}\Big[\varphi_1 - \varphi_2 + 6c_2 - \frac{(1-g)^2(\varphi_1+\varphi_2) - (1-q)^2(\varphi_1-\varphi_2)}{12\varphi_1\delta - (1-g)^2 - (1-q)^2}\Big]\text{。}$$

$$(5-64)$$

证毕。引理 5.4 给出了垂直产品占优情境下两企业的最优决策，将均衡个性化服务水平和均衡价格代入式（5-50）和式（5-51），可得两企业的均衡利润分别

$$\pi_1^* = \frac{\begin{array}{c}\big[12\varphi_1\delta - (1-g)^2\big]\big[6\delta(\varphi_1+\varphi_2) - (1-q)^2\big]^2 - \\ q^2(1-q)^2\big[6\delta(\varphi_1-\varphi_2) - (1-g)^2\big]^2\end{array}}{36\delta\big[12\varphi_1\delta - (1-g)^2 - (1-q)^2\big]^2},$$

$$\pi_2^* = \frac{\begin{array}{c}\big[12\varphi_1\delta - (1-q)^2\big]\big[6\delta(\varphi_1-\varphi_2) - (1-g)^2\big]^2 - \\ g^2(1-g)^2\big[6\delta(\varphi_1+\varphi_2) - (1-q)^2\big]^2\end{array}}{36\delta\big[12\varphi_1\delta - (1-g)^2 - (1-q)^2\big]^2}\text{。}$$

命题 5.6　当两互补企业提供差异化质量的两种在线个性化服务，即：$g < 1$，$q < 1$，那么企业 1 的利润递减于互补个性化服务质量 g，而互补企业 2 的利润随着服务质量 g 的增大而增大。

命题 5.6 表明，当互补企业 2 提供低质量的基本个性化服务时，则会提高自身利润，反而会削减企业 1 的利润。此外，高质量的基本个性化服务会诱使客户从企业 1 转向互补企业 2，这样就会提高互补企业 2 的利润而削减企业 1 的利润。这也与水平服务占优的情形形成了鲜明的对比。

5.7　本　章　小　结

本章采用了一个水平方向上在线个性化服务差异化和垂直方向产品偏好差异化的二维模型，探讨了两个销售互补产品的企业，同时在

其门户或官网上提供差异化质量的基本个性化服务和互补个性化服务来与客户进行在线互动。而客户则同时评价企业提供的在线个性化服务和产品来使自己受益最大化。本章研究从理论上弥补了个性化研究中忽视服务质量差异化的不足，丰富了已有的产品和服务差异化研究，在实践上有助于为互补企业间利用差异化服务质量来获得竞争优势、提升企业收益提供理论支撑和技术指导。

第一，分别从两种个性化服务和产品互补度的导入，构建了垂直产品差异化和水平服务差异化的二维经济模型。第二，给出了两互补企业之间的博弈时序。第三，分别从三种情景分析了两互补企业的最优在线个性化服务策略。第四，分析了互补度对两互补企业最优价格和在线个性化服务水平的影响。第五，系统分析了三种情境下最优策略，提出了两互补企业的最优决策。在此基础上，拓展研究了垂直产品偏好占优情况下企业的最优策略。

本章提出了几个重要的管理视角和实践策略，并且对研究者和实践者进行企业管理工作提供了重要依据。首先，先进的网络技术为在线互补企业通过提供在线个性化服务来获取竞争优势提供了重要的平台。当企业 1 在其网页或官网上单方面提供互补个性化服务时，尽管可以向客户索取更高的产品价格，但是这样会损害两个互补企业的整体利润。例如：客户通过 Apple 提供的个性化服务选择了 iPhone7、AT&T、土豪金、32G 内存、分期付款，该客户总共需要支付 777.84 美元。而客户去其他平台或官网（如 AT&T）以 649.99 美元就可以购买到同样的手机。这也说明，企业 1 提供的互补个性化服务可以为客户提供购买便利，同时也加剧了互补企业之间的竞争。

其次，两互补企业提供差异化质量的基本个性化服务和互补个性化服务时，存在 win-lose，win-win，lose-win 三种情境，每一种情境都取决于质量差异化的水平。这暗示在线互补企业战略性地选择提供个性化服务质量来使自己利润最大化。目前，大量的门户或网站采取了这种策略，例如：Apple 和 AT&T 分别在其网站上提供质量差异化的个性化服务，Apple 关于移动运营商提供了四种定价方式，通过 Apple 更新方案按月支付（即 24 期，每期 32.41 美元），通过 AT&T 安装方案按月支付（即 24 期，每期 27.05 美元），通过购买 iPhone 按月支付（即 24 期，每期 27.04 美元），及一次性支付 649 美元。而 AT&T 仅提供三种定价方式，即共 30 期每期 21.67 美元、共 24 期每期 27.09 美元，及非合约一次支付 649.99 美元。

最后，在线个性化服务对企业利润的影响还取决于产品的互补度。两种互补产品的内在依从关系在企业制定决策时扮演着十分重要的角色。当企业 1 决定是否投资在线个性化来获取更高的竞争优势时，它们必须将互补度纳入考量范围。通常，互补度对每个客户而言，还是存在一定的差异性的。本章中为计算方便，故而假设客户具有相同的互补度。而互补度的具体量值可以通过分析客户以往的交易信息和购买互补品数据来获得。

6　结论及展望

　　2021 年 10 月 18 日，中共中央政治局就推动我国数字经济健康发展进行第三十四次集体学习。中共中央总书记习近平在主持学习时强调，互联网、大数据、云计算、人工智能、区块链等技术加速创新，日益融入经济社会发展各领域全过程，数字经济发展速度之快、辐射范围之广、影响程度之深前所未有，正在成为重组全球要素资源、重塑全球经济结构、改变全球竞争格局的关键力量。要站在统筹中华民族伟大复兴战略全局和世界百年未有之大变局的高度，统筹国内国际两个大局、发展安全两件大事，充分发挥海量数据和丰富应用场景优势，促进数字技术与实体经济深度融合，赋能传统产业转型升级，催生新产业新业态新模式，不断做强做优做大我国数字经济。发展数字经济是把握新一轮科技革命和产业变革新机遇的战略选择。数字经济健康发展有利于推动构建新发展格局，数字经济健康发展有利于推动建设现代化经济体系，数字经济健康发展构筑国家竞争新优势。党的二十大报告提出建设数字中国，加快发展数字经济，促进数字经济和实体经济深度融合，打造具有国际竞争力的数字产业集群。在新的历史机遇下，中国互联网企业正在围绕国家发展战略，加大技术创新力度，不断提升核心竞争力，为推动中国互联网行业持续健康规范发展贡献力量。

　　在数字经济利好政策和数字技术支持下，在线个性化服务作为互联网企业实现个性化和规模化平衡，低成本满足客户差异化需求，突破小规模批量化生产的重要举措，越来越受到互联网企业青睐。在线个性化服务是根据客户在线自主选择和设定来实现的信息服务。先进的网络技术和信息技术为其提供更广泛的发展土壤。在线个性化服务提供策略作为一种有效降低信息过载、简化客户决策过程和大幅度提升客户满意度的信息服务方略，近年来被越来越多的大型企业如亚马逊、Apple、海尔、西门子、DoubleClick 等应用于客户偏好信息的获取，进而实现广告精准推介和目标营销。在线个性化服务有着广泛的应用前景和市场价值，但其发展仍面临两个方面的基本问题：一是在线个性化服务的提供类型仍然比较单一，绝大多数互联网网站仅考虑了基本个性化服务，不能全面满足客户互补性需求，具有一定的局限性；二是很多互联网网站仅仅是利用在线个性化服务与客户互动，来获取客户偏好信息，尚未实现真正意义上的信息服务价值转化。此外，在线个性化服务是未来发展的方向，但已有研究缺乏对服务提供策略的理论支持，尤其是利用差异化服务质量来获得竞争优势的服务提供策略的决策支持，从而限制了在线个性化服务的推广及应用。现有理论和文献难以有效解答上述问题，理论研究严重滞后于企业管理实践需求，这既是电子商务企业有效实施在线个性化服务策略的"瓶颈"，也是管理难题。

本书试图完善现有研究的不足，并尝试解答不同服务情境下企业制定在线个性化服务提供策略和影响机理问题。在整合梳理现有研究文献基础上，本书基于客户互补性需求，将在线个性化服务的接受者（客户）和提供者（企业与互补企业）纳入同一分析体系，构建了针对不同客户分类、不同定价方式、服务质量差异化三种服务情境下的决策模型，通过模型推导及数值算例进行检验，研究结果为企业制定和实施在线个性化服务策略提供了有力支撑和理论指导。本章系统地总结了全文研究，阐述本书的主要研究结论、研究创新点，在此基础上，给出本书的研究局限和未来的研究方向。

6.1　研　究　结　论

本书围绕"数字经济背景下企业在线个性化服务提供策略研究"这一焦点问题，采用经济建模、理论推导、算例分析等研究方法，由浅入深地研究并解答了以下三个研究问题：（1）针对客户互补性需求满足问题，企业如何制定和设计不同客户分类情境下在线个性化服务提供策略？（2）第二，针对与互补企业进行信息交易问题，基于互补企业采用固定费用和可变费用两种定价方式，企业如何制定和设计不同定价方式下在线个性化服务的提供策略？（3）针对互补企业间服务竞争问题，企业如何制定基于服务质量差异化的在线个性化服务提供策略？通过开展上述三个相互联系子研究，从不同数字经济背景由浅入深、由简入繁、逐层地剖析了企业提供在线个性化服务的最优策略和影响机理，丰富了在线个性化服务、客户偏好信息的价值转化和服务质量差异化领域的理论研究，为企业科学地实施在线个性化策略和管理客户行为，促进电子商务的深入发展，提供了详尽而具体的管理建议。具体来说，本书的研究结论为：

第一，考虑不同客户分类情境，提出了基本客户、潜在客户和战略客户三种分类下最优的在线个性化服务提供策略，揭示了信息边际价值、客户分类和互补度对服务策略的影响机理。构建了基于互补关系的在线个性化服务预期收益与客户偏好信息披露感知风险关注下的客户效用模型，分析了客户参与在线互动的行为类型，界定了企业提供三种在线个性化服务提供策略，提出了不同客户分类下企业提供个性化服务最优策略，揭示了信息边际价值、客户分类和互补度对服务策略的影响机理，给出了企业提供三种在线个性化服务策略的具体条件。研究发现：基本服务提供策略不能完全覆盖整个客户市场。正效用服务提供策略和零效用服务提供策略可以获得更多的客户偏好信息，从而使得企业所获得的信息利润高于基本服务提供策略的情形。企业采用哪种在线个性化服务策略取决于两种服务所获取到信息边际价值的比值。此外，当三种客户分类都存在的情况下，企业选择在线个性化服务策略要根据具体客户分类数量才能确定。

第二，考虑不同定价方式情境，基于互补企业采用固定费用和可变费用两种定价方式从企业处购买客户偏好信息，提出了企业最优的在线个性化服务提供策略和支付价格，揭示了服务边际成本和互补度对服务策略的影响机理。首先，提出了企业仅提供一种在线个性化服务的基准模型。其次，构建了两互补企业间最优的在线个性化服务提供策略和定价模型，分析了两种不同定价方式对企业在线个性化服务提供策略及影响机理，并对关键参变量采用数值算例验证了其影响。研究发现：固定费用定价方式下的最优在线个性化服务水平明显高于可变费用定价方式下的服务水平。在固定费用定价方式下，互补企业可以获得所需的客户偏好信息，但其信息价值被企业完全攫取。在可变费用定价方式下，企业和其互补企业都可以获取到所需客户偏好信息，而且两企业可以达到双赢的局面。

第三，考虑服务质量差异化情境，提出了互补企业间最优的在线个性化服务提供策略，揭示了服务质量和互补度对服务策略及利润的影响机理。首先，构建了水平在线个性化服务差异化和垂直产品差异化的二维经济模型。其次，研究了基于水平在线个性化服务占优前提下三种情境的在线个性化服务提供策略，分析了服务质量和互补度对企业的产品定价及利润影响。最后，在此基础上，拓展研究了垂直产品占优情形下的企业最优策略。研究发现：当互补度处于较低水平时，企业单方面提供两种在线个性化服务所获得的最优利润明显优于仅两企业提供差异化个性化服务和两企业同时提供两种差异化质量在线个性化服务的情形。当互补度处于较高水平时，企业间加大差异化质量的在线个性化服务竞争，有利于促进企业利润的提高。当互补度处于中等水平时，企业单方面率先提供互补个性化服务所获得的最优利润优于两互补企业提供差异化质量的在线个性化服务的情形。两互补企业提供差异化质量的基本个性化服务和互补个性化服务时，存在win-lose，win-win，lose-win 三种情境，每一种情境都取决于质量差异化的水平。

6.2　本书创新点

目前个性化服务研究领域，多围绕个性化服务项目本身，从系统设计、关系影响、服务策略等开展专题研究，取得了丰硕的理论和应用成果。然而，数字经济背景下企业的在线个性化服务提供策略仍处于理论探索阶段。本书基于客户互补性需求，将在线个性化服务的接受者（客户）和提供者（企业与互补企业）纳入同一分析体系，针对不同客户分类、不同定价方式、服务质量差异化三种服务情境，研究企业如何制定最优的在线个性化服务提供策略，以达到优化和提升个性化服务供需各参与方绩效的目的。本书的创新点如下：

第一，针对客户互补性需求差异性问题，构建了基于基本客户、潜在客户和战略客户三种分类下企业提供在线个性化服务的经济模型，并提出了最优的个性化服务提供策略。首先，本书分析了互补性需求偏好下的客户行为，建立了服务预期收益和信息披露感知风险的客户效用模型；其次，分析了客户对互补个性化服务效用感知和是否使用互补个性化服务认知的差异性，提出了基本客户、潜在客户和战略客户三类客户；最后分别针对三类客户提出了最优的在线个性化服务提供策略，并分析了信息边际价值、客户分类和互补度对服务策略的影响机理；理论推导和算例分析验证了模型的可靠性和稳定性。相比于现有文献，本书在以下四个方面有所创新：（1）从产品服务需求和互补品服务需求两个方面去满足客户需求，拓展了已有研究中单方面服务需求的情形；（2）从服务预期收益和信息披露感知风险两个维度去刻画客户效用，引出了基于服务—信息的 P4C 比率，为定量研究客户在线行为提供理论指导和技术支撑；（3）考虑客户使用个性化服务和服务预期收益两个维度的差异性，提出了三种客户分类，拓展了已有研究中单一维度的客户类型；（4）考虑了客户的互补个性化服务需求，结果表明尽管潜在客户存在，但企业信息利润明显提高。

第二，针对与互补企业进行信息交易问题，构建了基于固定费用和可变费用两种定价方式下企业提供在线个性化服务的经济模型，并提出了企业最优的个性化服务策略。首先，本书提出了企业仅提供基本个性化服务的基准模型；其次，分别构建了固定费用和可变费用定价方式下企业的在线个性化服务决策模型，提出了最优的在线个性化服务提供策略和支付价格；并分析了服务边际成本和互补度对服务提供策略的影响机理，算例分析验证了服务提供策略的有效性。相比于现有文献，本书在以下三个方面有所创新：（1）提出的企业与互补企业间的客户偏好信息有偿共享模型，拓展了已有研究中仅采用基本个性化服务来获取客户偏好信息的委托—代理模型；（2）针对互补偏好信息获得成本昂贵的特点，考虑了互补企业采用固定和可变两种定价方式，从企业的服务中间接获得客户偏好信息，为研究互补企业信息获取提供了理论指导和决策支持；（3）针对互补品需求偏好信息的价值转化问题，考虑了企业将在线个性化服务获得的偏好信息有偿共享给互补企业，研究表明企业的信息利润明显提高。

第三，针对互补企业间服务竞争问题，构建了基于服务质量差异化情境下企业提供在线个性化服务的经济模型，并提出了互补企业间最优的在线个性化服务提供策略。考虑到互补企业间提供在线个性化服务质量的差异性，本书首先构建了基于服务质量差异和产品差异的二维客户效用模型；其次分析了互补企业间提供个性化服务的在线行为，分别构建了三种情境下的服务提供决策模型，提出了服务质量差异化的互补企业间最优的在线个性化服务提供策略；并分析了服务质量和互补度对服务策略及利润的影响机理；算例分析验证了服务提供策略的有效性。相比于现有研究，本书在以下四个方面有所创新：（1）从在线个性化服务质量需求和互补产品需求两个维度刻画客户效用，拓展了已有个性化研究中单一维度的情形；（2）针对互补企业间提供在线个性化服务质量的差异化特点，提出了差异化在线个性化服务、质量差异化的互补个性化服务和质量差异化的两种在线个性化服务三种情境下的服务决策模型，丰富了已有的产品和服务差异化研究；（3）探明了三种情境下差异化服务质量对企业服务提供策略和利润的影响机理，为企业制定质量差异化服务策略提供了理论指导和决策支持；（4）考虑了互补企业间采用差异化服务质量来获得竞争优势，拓展了已有研究中关于竞争企业的情形。

6.3　研究局限及展望

本书通过理论和现有文献分析、归纳和总结，运用经济建模方法构建了不同数字经济背景下的在线个性化服务决策模型。与此同时，采用算例研究的方法，对研究结论进行了检验和验证，实现了预期的研究目标。但在模型构建过程中，仍存在一些不足和局限，有待后续研究对相关问题进行更深入的探讨。

首先，客户对在线个性化服务的需求是复杂多变的，本书运用隐私计算理论从服务预期收益和信息披露感知风险两个角度来揭示客户在线行为。构建了在线个性化服务—偏好信息披露风险关注效用模型。本书假设客户效用服从最基本 0-1 均匀分布，其他更符合管理现实的分布类型（如正态分布、泊松分布等）值得进一步深入探索。

其次，考虑基于互补关系的在线个性化服务定价问题时，本书采用了两种最基本的定价方式（如固定费用和可变费用），而组合定价或二步定价更有利于拓展本书的研究深度及广度。

最后，在构建水平个性化服务差异化和垂直产品差异化的二维模型时，本书给出了在线个性化服务的范围，并未将最优的在线个性化服务水平作为连续变量进行探讨，当在线个性化服务水平作为连续变量变化时，更符合管理实践和具有现实意义。

在本书的研究基础上，作者认为后续研究可以从以下几个方面展开：

第一，本书在现有研究的基础上，将企业提供的在线个性化服务拓展至二维互补性服务，但现实中服务的互补性不仅仅局限于两种服务之间的互补。后续研究可以从多种或者 N 种互补性服务入手，来研究企业在线个性化服务的提供策略及其影响。这不仅可以探寻在线个性化服务的提供规律，也能深入地剖析互补度及关键参变量的影响机理，进而为企业在线个性化服务决策提供理论指导和技术支撑。

第二，本书在研究在线个性化服务提供策略时，将在线个性化服务的接受者（客户）和提供者（企业与互补企业）纳入同一分析体系，从企业的视角来研究不同数字经济背景下的最优在线个性化服务提供策略。后续研究可从客户的视角出发，探寻不同的客户行为（比如差异化的在线个性化服务预期收益及不同的信息披露感知风险下，客户的在线使用行为）如何影响企业在线个性化服务提供策略的制定和设计。

第三，本书主要从企业提供在线个性化服务视角来切入，后续研究可从互补企业角度入手，引入其他服务变量，如优惠券、代金券、信息转化成本等，对信息服务的价值转化、服务效率、客户满意度提升等过程机理进行深入研究，进而为互补企业获得更大的竞争优势提供理论指导和管理启示。

　　第四，本书主要采用静态博弈的方法来确定企业的最优服务提供策略，后续研究可利用动态博弈理论，通过建模和推演，来研究两个互补企业间通过两阶段博弈制定企业最优的服务提供策略，进而比较分析静态博弈和动态博弈两种方法下，企业最优服务提供策略的差异性，并为企业制定在线个性化服务策略提出管理启示。

附录　主要符号表

P_C	客户使用在线个性化服务所获得的边际价值，用来揭示客户的个性化服务预期收益
r_C	客户偏好信息披露风险感知成本系数，用来揭示客户的信息披露感知风险
K	两种在线个性化服务的互补度（$0<K<1$）
S_1	企业提供的基本个性化服务
S_2	企业提供的互补个性化服务
S_{iC}^*	客户使用的效用最大在线个性化服务水平（$i=1,2$）
S_i^*	企业提供的最优在线个性化服务水平（$i=1,2$）
η_i	企业从在线个性化服务中所获得偏好信息的边际价值（$i=1,2$）
δ	企业提供在线个性化服务的边际成本系数
I	客户使用在线个性化服务所披露的偏好信息集合
$U(S_{iC}^*)$	客户分布密度函数
$U(S_1,S_2)$	客户使用两种具有互补关系在线个性化服务所获得的效用函数
$a\&b$	正常数
$q\&g$	企业 $j(j=1,2)$ 提供在线个性化服务的质量水平（$0<g,q<1$）
$\pi\&\Pi$	企业利润函数

参 考 文 献

［1］ CHELLAPPA R K, SHIVENDU S. Mechanism Design for "Free" but "No Free Disposal" Services: The Economics of Personalization under Privacy Concerns ［J］. Management Science, 2010, 56 (10): 1766 – 1780.

［2］ MURTHI B P S, SARKAR S. The Role of the Management Sciences in Research on Personalization ［J］. Management Science, 2003, 49 (10): 1344 – 1362.

［3］ ADOMAVICIUS G, TUZHILIN A. Personalization Technologies: A Process-oriented Perspective ［J］. Communications of the ACM, 2005, 48 (10): 83 – 90.

［4］ CHELLAPPA R K, SHIVENDU S. An Economic Model of Privacy: A Property Rights Approach to Regulatory Choices for Online Personalization ［J］. Journal of Management Information Systems, 2007, 24 (3): 193 – 225.

［5］ LV H, WAN Y, WU F. Effect of Online Personalization Services on Complementary Firms ［J］. Electronic Commerce Research & Applications, 2017, 24 (4): 12 – 22.

［6］ ADOMAVICIUS G, HUANG Z, TUZHILIN A. Personalization and Recommender Systems ［M］. State-of-the – Art Decision – Making Tools in the Information – Intensive Age. 55 – 107.

［7］ SUNDARARAJAN A. Nonlinear Pricing of Information Goods

[J]. Management Science, 2004, 50 (12): 1660 – 1673.

[8] BHASKARAN S R, GILBERT S M. Selling and Leasing Strategies for Durable Goods with Complementary Products [J]. Management Science, 2005, 51 (8): 1278 – 1290.

[9] PEPPERS D, ROGERS M, SEGIL L. Enterprise One to One [M]. Piatkus, 1997.

[10] RIEMER D W I K, TOTZ C. The Many Faces of Personalization [M]. 2003, 35 – 50.

[11] BLOM J O, MONK A F. Theory of Personalization of Appearance: Why Users Personalize Their PCs and Mobile Phones [J]. Humanâ "Computer Interaction, 2003, 18 (3): 193 – 228.

[12] CHELLAPPA R K, SIN R G. Personalization Versus Privacy: An Empirical Examination of the Online Consumer's Dilemma [J]. Information Technology and Management, 2005, 6 (2 – 3): 181 – 202.

[13] HO S Y. The Attraction of Internet Personalization to Web Users [J]. Electronic Markets, 2006, 16 (1): 41 – 50.

[14] TAM K Y, HO S Y. Understanding the Impact of Web Personalization on User Information Processing and Decision Outcomes [J]. Mis Quarterly, 2006, 30 (4): 865 – 890.

[15] ARORA N, DREZE X, GHOSE A, et al. Putting One-to-one Marketing to Work: Personalization, Customization, and Choice [J]. Marketing Letters, 2008, 19 (3/4): 305 – 321.

[16] KUMAR A. From Mass Customization to Mass Personalization: A Strategic Transformation [J]. International Journal of Flexible Manufacturing Systems, 2007, 19 (4): 533.

[17] FRIAS – MARTINEZ E, CHEN S Y, LIU X. Evaluation of a Personalized Digital Library Based on Cognitive Styles: Adaptivity Vs. Adapta-

bility ［J］. International Journal of Information Management, 2009, 29 (1): 48 – 56.

［18］ MONTGOMERY A L, SMITH M D. Prospects for Personalization on the Internet ［J］. Journal of Interactive Marketing, 2009, 23 (2): 130 – 137.

［19］ SUNIKKA A, BRAGGE J. Applying Text-mining to Personalization and Customization Research Literature – Who, What and Where? ［J］. Expert Systems with Applications, 2012, 39 (11): 10049 – 10058.

［20］ VESANEN J, RAULAS M. Building Bridges for Personalization: A Process Model for Marketing ［J］. Journal of Interactive Marketing, 2006, 20 (1): 5 – 20.

［21］ HAIYANFAN, SCOTTPOOLE M. What Is Personalization? Perspectives on the Design and Implementation of Personalization in Information Systems ［J］. Journal of Organizational Computing, 2006, 16 (3 – 4): 179 – 202.

［22］ MICELI G N, RICOTTA F, COSTABILE M. Customizing Customization: A Conceptual Framework for Interactive Personalization ［J］. Journal of Interactive Marketing, 2007, 21 (2): 6 – 25.

［23］ HO S Y. The Effects of Location Personalization on Individuals' Intention to Use Mobile Services ［J］. Decision Support Systems, 2012, 53 (4): 802 – 812.

［24］ WANG Y, LI D. Testing the Moderating Effects of Toolkits and User Communities in Personalization: The Case of Social Networking Service ［J］. Decision Support Systems, 2013, 55 (1): 31 – 42.

［25］ GOLREZAEI N, NAZERZADEH H, RUSMEVICHIENTONG P. Real – Time Optimization of Personalized Assortments ［J］. Management Science, 2014, 60 (6): 1532 – 1551.

［26］ PARK J – H. The Effects of Personalization on User Continuance in Social Networking Sites ［J］. Information Processing & Management, 2014, 50 (3)：462 – 475.

［27］ BENLIAN A. Web Personalization Cues and Their Differential Effects on User Assessments of Website Value ［J］. Journal of Management Information Systems, 2015, 32 (1)：225 – 260.

［28］ KOCH O F, BENLIAN A. Promotional Tactics for Online Viral Marketing Campaigns：How Scarcity and Personalization Affect Seed Stage Referrals ［J］. Journal of Interactive Marketing, 2015, 32 (5)：37 – 52.

［29］ LI C. When Does Web-based Personalization Really Work? The Distinction Between Actual Personalization and Perceived Personalization ［J］. Computers in Human Behavior, 2016, 54 (Supplement C)：25 – 33.

［30］ OBEROI P, PATEL C, HAON C. Technology Sourcing for Website Personalization and Social Media Marketing：A Study of E-retailing Industry ［J］. Journal of Business Research, 2017, 80 (Supplement C)：10 – 23.

［31］ HUANG Y – T. The Female Gaze：Content Composition and Slot Position in Personalized Banner Ads, and How They Influence Visual Attention in Online Shoppers ［J］. Computers in Human Behavior, 2018, 82：1 – 15.

［32］ LIU D, SARKAR S, SRISKANDARAJAH C. Resource Allocation Policies for Personalization in Content Delivery Sites ［J］. Information Systems Research, 2010, 21 (2)：227 – 248.

［33］ HO S Y, BODOFF D, TAM K Y. Timing of Adaptive Web Personalization and Its Effects on Online Consumer Behavior ［J］. Information Systems Research, 2011, 22 (3)：660 – 679.

[34] ZHANG J. The Perils of Behavior – Based Personalization [J].
Marketing Science, 2011, 30 (1): 170 – 186.

[35] GHOSHAL A, KUMAR S, MOOKERJEE V. Impact of Rec-
ommender System on Competition between Personalizing and Non – Person-
alizing Firms [J]. Journal of Management Information Systems, 2015, 31
(4): 243 – 277.

[36] BLEIER A, EISENBEISS M. The Importance of Trust for Per-
sonalized Online Advertising [J]. Journal of Retailing, 2015, 91 (3):
390 – 409.

[37] SALONEN V, KARJALUOTO H. Web Personalization: The
State of the Art and Future Avenues for Research and Practice [J]. Telem-
atics and Informatics, 2016, 33 (4): 1088 – 1104.

[38] PICCOLI G, LUI T – W, GRÜN B. The Impact of IT – Ena-
bled Customer Service Systems on Service Personalization, Customer Serv-
ice Perceptions, and Hotel Performance [J]. Tourism Management,
2017, 59: 349 – 362.

[39] ANSHARI M, ALMUNAWAR M N, LIM S A, et al. Custom-
er Relationship Management and Big Data Enabled: Personalization & Cus-
tomization of Services [J]. Applied Computing and Informatics, 2019, 15
(2): 94 – 101.

[40] WANG C, ZHENG Y, JIANG J, et al. Toward Privacy – Pre-
serving Personalized Recommendation Services [J]. Engineering, 2018,
4 (1): 21 – 28.

[41] GUELMAN L, GUILLÉN M, PÉREZ – MARÍN A M. A Deci-
sion Support Framework to Implement Optimal Personalized Marketing Inter-
ventions [J]. Decision Support Systems, 2015, 72 (Supplement C):
24 – 32.

［42］KAPTEIN M, PARVINEN P. Advancing E – Commerce Personalization: Process Framework and Case Study ［J］. International Journal of Electronic Commerce, 2015, 19 (3): 7 – 33.

［43］SHAFIQ O, ALHAJJ R, ROKNE J G. On Personalizing web search Using Social Network Analysis ［J］. Information Sciences, 2015, 314 (Supplement C): 55 – 76.

［44］GARRIDO A, MORALES L, SERINA I. On the Use of Case-based Planning for E-learning Personalization ［J］. Expert Systems with Applications, 2016, 60 (Supplement C): 1 – 15.

［45］ZHANG M, GUO X, CHEN G. Prediction Uncertainty in Collaborative Filtering: Enhancing Personalized Online Product Ranking ［J］. Decision Support Systems, 2016, 83: 10 – 21.

［46］TRAN T P. Personalized ads on Facebook: An Effective Marketing Tool for Online Marketers ［J］. Journal of Retailing and Consumer Services, 2017, 39 (Supplement C): 230 – 242.

［47］高晶, 钟若南, 武虹. 旅游移动电子商务个性化服务设计 ［J］. 商业研究, 2017, 59 (2): 166 – 171.

［48］ZHU H, OU C X J, VAN DEN HEUVEL W J A M, et al. Privacy Calculus and Its Utility for Personalization Services in E-commerce: An Analysis of Consumer Decision-making ［J］. Information & Management, 2017, 54 (4): 427 – 437.

［49］ZHANG C, ZHANG H, WANG J. Personalized Restaurant Recommendation Method Combining Group Correlations and Customer Preferences ［J］. Information Sciences, 2018, 454 – 455: 128 – 143.

［50］BLANCO – FERNÁNDEZ Y, LÓPEZ – NORES M, GIL – SOLLA A, et al. User-generated Contents and Reasoning-based Personalization: Ingredients for a Novel Model of Mobile TV ［J］. Expert Systems with Applications，2011，38（5）：5289 – 5298.

［51］ROSACI D，SARNÈ G M L. Multi-agent Technology and Ontologies to Support Personalization in B2C E – Commerce［J］. Electronic Commerce Research and Applications，2014，13（1）：13 – 23.

［52］吴法恒. 网络汇聚物流业务信息的个性化服务技术研究［D］. 广西大学，2015.

［53］FLORY L，OSEI – BRYSON K – M，THOMAS M. A New Web Personalization Decision-support Artifact for Utility-sensitive Customer Review Analysis［J］. Decision Support Systems，2017，94（Supplement C）：85 – 96.

［54］LEE D H，BRUSILOVSKY P. Improving Personalized Recommendations Using Community Membership Information［J］. Information Processing & Management，2017，53（5）：1201 – 1214.

［55］LIU H，WU Z，ZHANG X. CPLR：Collaborative Pairwise Learning to Rank for Personalized Recommendation［J］. Knowledge – Based Systems，2018，148：31 – 40.

［56］QIU H，LIU Y，GUO G，et al. BPRH：Bayesian Personalized Ranking for Heterogeneous Implicit Feedback［J］. Information Sciences，2018，453：80 – 98.

［57］李凯，王晓文. 隐私关注对旅游网站个性化服务的影响机制研究［J］. 旅游学刊，2011，26（6）：80 – 86.

［58］伍海琳. 饭店个性化服务经营模式研究［J］. 企业经济，2011，2：92 – 95.

［59］雷鸣. 第三方物流企业个性化服务质量评价研究［D］. 浙江理工大学，2013.

［60］郝静. 第三方物流个性化服务策略思考［J］. 价格月刊，2016，3：55 – 58.

[61] 李超. 酒店个性化服务质量对顾客忠诚影响的实证研究 [D]. 兰州财经大学, 2016.

[62] KALAIGNANAM K, KUSHWAHA T, RAJAVI K. How Does Web Personalization Create Value for Online Retailers? Lower Cash Flow Volatility or Enhanced Cash Flows [J]. Journal of Retailing, 2018, 94 (3): 265 – 279.

[63] CHELLAPPA R K, SHIVENDU S. A Model of Advertiser—Portal Contracts: Personalization Strategies under Privacy Concerns [J]. Information Technology and Management, 2006, 7 (1): 7 – 19.

[64] KWON K, CHO J, PARK Y. How to Best Characterize the Personalization Construct for E – services [J]. Expert Systems with Applications, 2010, 37 (3): 2232 – 2240.

[65] THIRUMALAI S, SINHA K K. To Personalize or Not to Personalize Online Purchase Interactions: Implications of Self – Selection by Retailers [J]. Information Systems Research, 2013, 24 (3): 683 – 708.

[66] 施星君. 基于 Kano 模型的旅游电子商务个性化服务需求研究 [J]. 电子商务, 2016, 1: 23 – 25.

[67] WATTAL S, TELANG R, MUKHOPADHYAY T. Information Personalization in a Two-dimensional Product Differentiation Model [J]. Journal of Management Information Systems, 2009, 26 (2): 69 – 95.

[68] 董大海, 权小妍, 曲晓飞. 顾客价值及其构成 [J]. 大连理工大学学报: 社会科学版, 1999, 4: 18 – 20.

[69] 刘研, 仇向洋. 顾客价值理论综述 [J]. 现代管理科学, 2005, 5: 82 – 84.

[70] 张明立, 樊华, 于秋红. 顾客价值的内涵、特征及类型 [J]. 管理科学, 2005, 18 (2): 71 – 77.

[71] LI Y. Theories in Online Information Privacy Research: A Criti-

cal Review and an Integrated Framework ［J］. Decision Support Systems, 2012, 54 (1): 471 –481.

［72］CANTILLON E. The Effect of Bidders' Asymmetries on Expected Revenue in Auctions ［J］. Games and Economic Behavior, 2008, 62 (1): 1 –25.

［73］ROH J J, KUNNATHUR A, TARAFDAR M. Classification of RFID Adoption: An Expected Benefits Approach ［J］. Information & Management, 2009, 46 (6): 357 –363.

［74］PALAZON M, DELGADO – BALLESTER E. The Expected Benefit as Determinant of Deal-prone Consumers' Response to Sales Promotions ［J］. Journal of Retailing and Consumer Services, 2011, 18 (6): 542 –547.

［75］张茂月. 大数据时代个人信息数据安全的新威胁及其保护 ［J］. 中国科技论坛, 2015, 7: 117 –122.

［76］韦思琦, 江雪. 个人信息泄露风险的源头控制机制研究 ［J］. 法制博览, 2018, 4: 32 –34.

［77］LIN W – B. Investigation on the Model of Consumers' Perceived Risk—Integrated Viewpoint ［J］. Expert Systems with Applications, 2008, 34 (2): 977 –988.

［78］ALCÁNTARA – PILAR J M, DEL BARRIO – GARCÍA S, PORCU L. A Cross-cultural Analysis of the Effect of Language on Perceived Risk Online ［J］. Computers in Human Behavior, 2013, 29 (3): 596 – 603.

［79］NEPOMUCENO M V, LAROCHE M, RICHARD M – O. How to Reduce Perceived Risk When Buying Online: The Interactions Between Intangibility, Product Knowledge, Brand Familiarity, Privacy and Security concerns ［J］. Journal of Retailing and Consumer Services, 2014, 21

(4): 619 – 629.

[80] SUN J. How Risky are Services? An Empirical Investigation on the Antecedents and Consequences of Perceived Risk for Hotel Service [J]. International Journal of Hospitality Management, 2014, 37: 171 – 179.

[81] HONG I B. Understanding the Consumer's Online Merchant Selection Process: The Roles of Product Involvement, Perceived Risk, and Trust Expectation [J]. International Journal of Information Management, 2015, 35 (3): 322 – 336.

[82] MARTIN J, MORTIMER G, ANDREWS L. Re-examining Online Customer Experience to Include Purchase Frequency and Perceived Risk [J]. Journal of Retailing and Consumer Services, 2015, 25: 81 – 95.

[83] CASIDY R, WYMER W. A Risk Worth Taking: Perceived Risk as Moderator of Satisfaction, Loyalty, and Willingness-to-pay Premium Price [J]. Journal of Retailing and Consumer Services, 2016, 32: 189 – 197.

[84] TSENG S – Y, WANG C – N. Perceived Risk Influence on Dual-route Information Adoption Processes on Travel Websites [J]. Journal of Business Research, 2016, 69 (6): 2289 – 2296.

[85] HO S M, OCASIO – VELÁZQUEZ M, BOOTH C. Trust or Consequences? Causal Effects of Perceived Risk and Subjective Norms on Cloud Technology Adoption [J]. Computers & Security, 2017, 70: 581 – 595.

[86] SUBBA RAO S, TRUONG D, SENECAL S, et al. How Buyers' Expected Benefits, Perceived Risks, and E – business Readiness Influence Their E – marketplace Usage [J]. Industrial Marketing Management, 2007, 36 (8): 1035 – 1045.

［87］ CHANG E – C, TSENG Y – F. Research Note: E – store Image, Perceived Value and Perceived Risk ［J］. Journal of Business Research, 2013, 66 (7): 864 – 870.

［88］ ROUIBAH K, LOWRY P B, HWANG Y. The Effects of Perceived Enjoyment and Perceived Risks on Trust Formation and Intentions to Use Online Payment Systems: New Perspectives from an Arab Country ［J］. Electronic Commerce Research and Applications, 2016, 19: 33 – 43.

［89］ ZHANG L, ZHANG C, SHANG L. Sensation-seeking and Domain-specific Risk-taking Behavior Among Adolescents: Risk Perceptions and Expected Benefits as Mediators ［J］. Personality and Individual Differences, 2016, 101: 299 – 305.

［90］ RAGUSEO E. Big Data Technologies: An Empirical Investigation on Their Adoption, Benefits and Risks for Companies ［J］. International Journal of Information Management, 2018, 38 (1): 187 – 195.

［91］ KIM E, LEE B. E – service Quality Competition Through Personalization Under Consumer Privacy Concerns ［J］. Electronic Commerce Research and Applications, 2009, 8 (4): 182 – 190.

［92］ XU H, LUO X, CARROLL J M, et al. The Personalization Privacy Paradox: An Exploratory Study of Decision Making Process for Location-aware Marketing ［J］. Decision Support Systems, 2011, 51 (1): 42 – 52.

［93］ GUO X, ZHANG X, SUN Y. The Privacy-personalization Paradox in mHealth Services Acceptance of Different Age Groups ［J］. Electronic Commerce Research and Applications, 2016, 16: 55 – 65.

［94］ CHOI B C F, LAND L. The Effects of General Privacy Concerns and Transactional Privacy Concerns on Facebook Apps Usage ［J］. Information & Management, 2016, 53 (7): 868 – 877.

［95］JUNG Y, PARK J. An Investigation of Relationships Among Privacy Concerns, Affective Responses, and Coping Behaviors in Location-based Services ［J］. International Journal of Information Management, 2018, 43: 15 – 24.

［96］KAUSHIK K, KUMAR JAIN N, KUMAR SINGH A. Antecedents and Outcomes of Information Privacy Concerns: Role of Subjective Norm and Social Presence ［J］. Electronic Commerce Research and Applications, 2018, 32: 57 – 68.

［97］ANIC I – D, ŠKARE V, KURSAN MILAKOVIĆ I. The Determinants and Effects of Online Privacy Concerns in the Context of E – commerce ［J］. Electronic Commerce Research and Applications, 2019, 36: 100868.

［98］杨嫚, 温秀妍. 隐私保护意愿的中介效应: 隐私关注、隐私保护自我效能感与精准广告回避 ［J］. 新闻界, 2020, 7: 41 – 52.

［99］AYABURI E W, TREKU D N. Effect of Penitence on Social Media Trust and Privacy Concerns: The Case of Facebook ［J］. International Journal of Information Management, 2020, 50: 171 – 181.

［100］DEGIRMENCI K. Mobile Users' Information Privacy Concerns and the Role of App Permission Requests ［J］. International Journal of Information Management, 2020, 50: 261 – 272.

［101］IOANNOU A, TUSSYADIAH I, LU Y. Privacy Concerns and Disclosure of Biometric and Behavioral Data for Travel ［J］. International Journal of Information Management, 2020, 54: 102122.

［102］卢家银. 非常法时期互联网用户的隐私保护行为研究 ［J］. 国际新闻界, 2021, 43 (5): 65 – 85.

［103］MWESIUMO D, HALPERN N, BUDD T, et al. An Exploratory and Confirmatory Composite Analysis of a Scale for Measuring Privacy

Concerns [J]. Journal of Business Research, 2021, 136: 63 – 75.

[104] 朱侯, 张明鑫. 移动 APP 用户隐私信息设置行为影响因素及其组态效应研究 [J]. 情报科学, 2021, 39 (7): 54 – 62.

[105] CHEAH J – H, LIM X – J, TING H, et al. Are Privacy Concerns Still Relevant? Revisiting Consumer Behaviour in Omnichannel Retailing [J]. Journal of Retailing and Consumer Services, 2022, 65: 102242.

[106] JASPERS E D T, PEARSON E. Consumers' Acceptance of Domestic Lnternet-of – Things: The Role of Trust and Privacy Concerns [J]. Journal of Business Research, 2022, 142: 255 – 265.

[107] DOMMEYER C J, GROSS B L. What Consumers Know and What They Do: An Investigation of Consumer Knowledge, Awareness, and use of Privacy Protection Strategies [J]. Journal of Interactive Marketing, 2003, 17 (2): 34 – 51.

[108] MINKKINEN M. Futures of Privacy Protection: A Framework for Creating Scenarios of Institutional Change [J]. Futures, 2015, 73: 48 – 60.

[109] PIAO C, LI X, PAN X, et al. User Privacy Protection for a Mobile Commerce Alliance [J]. Electronic Commerce Research and Applications, 2016, 18: 58 – 70.

[110] 朱光, 曹雪莲, 孙玥. 社交网络环境下隐私保护投入的博弈策略分析——基于演化博弈的视角 [J]. 情报科学, 2017, 35 (7): 25 – 30.

[111] MENGIBAEV U, JIA X, MA Y. The Impact of Interactive Dependence on Privacy Protection Behavior Based on Evolutionary Game [J]. Applied Mathematics and Computation, 2020, 379: 125231.

[112] LOERTSCHER S, MARX L M. Digital Monopolies: Privacy

Protection or Price Regulation？［J］. International Journal of Industrial Organization，2020，71：102623.

［113］MOUSAVI R，CHEN R，KIM D J，et al. Effectiveness of Privacy Assurance Mechanisms in Users' Privacy Protection on Social Networking Sites from the Perspective of Protection Motivation Theory［J］. Decision Support Systems，2020，135：113323.

［114］ZHANG J，XU L，TSAI P – W. Community Structure-based Trilateral Stackelberg Game Model for Privacy Protection［J］. Applied Mathematical Modelling，2020，86：20 – 35.

［115］BU F，WANG N，JIANG B，et al. Motivating Information System Engineers' Acceptance of Privacy by Design in China：An Extended UTAUT Model［J］. International Journal of Information Management，2021，60：102358.

［116］CHENG X，HOU T，MOU J. Investigating Perceived Risks and Benefits of Information Privacy Disclosure in IT – enabled Ride-sharing［J］. Information & Management，2021，58（6）：103450.

［117］CONTI C，REVERBERI P. Price Discrimination and Product Quality Under Opt-in Privacy Regulation［J］. Information Economics and Policy，2021，55：100912.

［118］LIYANAARACHCHI G. Managing Privacy Paradox Through National Culture：Reshaping Online Retailing Strategy［J］. Journal of Retailing and Consumer Services，2021，60：102500.

［119］沈月，仲伟俊，梅姝娥. 消费者信息隐私保护对企业定价策略的影响［J］. 系统工程理论与实践，2022，42（2）：368 – 381.

［120］WU Z，LUO J. Online Information Privacy and Price：A Theoretical Model and Empirical Tests［J］. Information & Management，

2022, 59 (2): 103583.

[121] DU L, ZHANG W, FU H, et al. An Efficient Privacy Protection Scheme for Data Security in Video Surveillance [J]. Journal of Visual Communication and Image Representation, 2019, 59: 347 – 362.

[122] ZHANG S, ZHENG T, WANG B. A Privacy Protection Scheme for Smart Meter That Can Verify Terminal's Trustworthiness [J]. International Journal of Electrical Power & Energy Systems, 2019, 108: 117 – 124.

[123] LIN Y, BAO L – Y, LI Z – M, et al. Differential Privacy Protection Over Deep Learning: An Investigation of Its Impacted Factors [J]. Computers & Security, 2020, 99: 102061.

[124] SUN P. Security and Privacy Protection in Cloud Computing: Discussions and Challenges [J]. Journal of Network and Computer Applications, 2020, 160: 102642.

[125] WU Z, SHEN S, LIAN X, et al. A Dummy-based User Privacy Protection Approach for Text Information Tetrieval [J]. Knowledge – Based Systems, 2020, 195: 105679.

[126] XIAO D, LI M, WANG M, et al. Low-cost and High-efficiency Privacy-protection Scheme for Distributed Compressive Video Sensing in Wireless Multimedia Sensor Networks [J]. Journal of Network and Computer Applications, 2020, 161: 102654.

[127] ALRAJA M N, BARHAMGI H, RATTROUT A, et al. An Integrated Framework for Privacy Protection in IoT—Applied to Smart Healthcare [J]. Computers & Electrical Engineering, 2021, 91: 107060.

[128] ELAHI H, CASTIGLIONE A, WANG G, et al. A Human-centered Artificial Intelligence Approach for Privacy Protection of Elderly App Users in Smart Cities [J]. Neurocomputing, 2021, 444: 189 – 202.

[129] SONG F, MA T. A Location Privacy Protection Method in Spatial Crowdsourcing [J]. Journal of Information Security and Applications, 2022, 65: 103095.

[130] ZHANG J, LI C, WANG B. A Performance Tunable CPIR – based Privacy Protection Method for Location Based Service [J]. Information Sciences, 2022, 589: 440 – 458.

[131] MAZEL J, GARNIER R, FUKUDA K. A Comparison of Web Privacy Protection Techniques [J]. Computer Communications, 2019, 144: 162 – 174.

[132] ALAWADHI R, HUSSAIN T. The Efficiency of Learning Methodology for Privacy Protection in Context-aware Environment during the COVID – 19 Pandemic [J]. Procedia Computer Science, 2021, 184: 52 – 59.

[133] BOUTET A, CUNCHE M. Privacy Protection for Wi – Fi Location Positioning Systems [J]. Journal of Information Security and Applications, 2021, 58: 102635.

[134] ZHANG S, RONG J, WANG B. An Optimal Scheduling Scheme for Smart Home Electricity Considering Demand Response and Privacy Protection [J]. International Journal of Electrical Power & Energy Systems, 2021, 132: 107159.

[135] YUAN S, PI D, ZHAO X, et al. Differential Privacy Trajectory Data Protection Scheme Based on R – tree [J]. Expert Systems with Applications, 2021, 182: 115215.

[136] SU X, JIANG S, CHOI D. Location Privacy Protection of Maritime Mobile Terminals [J]. Digital Communications and Networks, 2022, 8 (6): 932 – 941.

[137] NING B, SUN Y, TAO X, et al. Differential Privacy Protec-

tion on Weighted Graph in Wireless Networks [J]. Ad Hoc Networks, 2021, 110: 102303.

[138] LIU J, ZHANG R, HAN G, et al. Video Action Recognition with Visual Privacy Protection Based on Compressed Sensing [J]. Journal of Systems Architecture, 2021, 113: 101882.

[139] LIN X, LIU H, LI Z, et al. Privacy Protection of China's Top Websites: A Multi-layer Privacy Measurement Via Network Behaviours and Privacy Policies [J]. Computers & Security, 2022, 114: 102606.

[140] GAN W, YAN M, WEN J, et al. A Low-carbon Planning Method for Joint Regional-district Multi-energy Systems: From the Perspective of Privacy Protection [J]. Applied Energy, 2022, 311: 118595.

[141] TAMARA DINEV P H. An Extended Privacy Calculus Model for E – Commerce Transactions [J]. Information Systems Research, 2006, 17 (1): 61 –80.

[142] CHELLAPPA R K, S. SHIVENDU. An Economic Model of Privacy A Property Rights Approach to Regulatory Choices for Online Personalization [J]. Journal of Management Information System, 2007, 24 (3): 193 –225.

[143] LV H, WAN Y, WU F. Effect of Online Personalization Services on Complementary Firms [J]. Electronic Commerce Research and Applications, 2017, 24: 12 –22.

[144] LV H, WAN Y. Contracting for Online Personalisation Services: An Economic Analysis [J]. Journal of the Operational Research Society, 2019, 70 (7): 1149 –1163.

[145] 赵江, 何诗楠. 定向广告中消费者隐私态度对行为意愿的影响机制 [J]. 系统管理学报, 2021, 30 (2): 373 –383.

[146] 孙锐, 罗映宇. 自我知觉理论视角下消费者隐私悖论行为

研究：ERPs 的证据 [J]. 南开管理评论，2021，24（4）：153 – 162.

[147] 吴开军. 客户分类方法探析 [J]. 工业技术经济，2003，22（6）：95 – 96.

[148] 王维兵，刘苗. 客户分类方法综述 [J]. 江苏商论，2009，3：74 – 75.

[149] XIAO J, XIE L, HE C, et al. Dynamic Classifier Ensemble Model for Customer Classification with Imbalanced Class Distribution [J]. Expert Systems with Applications, 2012, 39（3）：3668 – 3675.

[150] 张婷婷，贺昌政，肖进. 基于动态分类器集成选择的不完整数据客户分类方法实证研究 [J]. 管理评论，2012，24（6）：85 – 9 + 125.

[151] 任秀春，贺亚吉. 基于决策树的网络客户分类方法研究 [J]. 电子设计工程，2014，22（5）：20 – 22.

[152] XIAO J, CAO H, JIANG X, et al. GMDH – based Semi-supervised Feature Selection for Customer Classification [J]. Knowledge – Based Systems, 2017, 132：236 – 248.

[153] BISCARRI F, MONEDERO I, GARCÍA A, et al. Electricity Clustering Framework for Automatic Classification of Customer Loads [J]. Expert Systems with Applications, 2017, 86：54 – 63.

[154] 王建民，王传旭. 基于主成分——聚类分析方法的客户分类研究 [J]. 淮南师范学院学报，2006，8（3）：77 – 79.

[155] 胡蓓. 商业银行客户价值评价及客户分类研究 [D]. 重庆大学，2011.

[156] 杨彬，田甜. 客户分类与银行理财——关联分类算法在银行理财营销中的应用研究 [J]. 金融论坛，2011，2：57 – 64.

[157] 张青. 移动互联网场景中客户特征分类技术研究 [J]. 电信科学，2014，30（1）：136 – 141.

［158］王鑫. 秦皇岛港煤炭客户价值评价及分类管理研究［D］. 燕山大学，2016.

［159］杨红艳. 客户管理与分类方法的研究与实现［D］. 大连理工大学，2017.

［160］王静宇. 基于顾客价值的移动运营商客户实证研究［D］. 北京邮电大学，2017.

［161］闫春，孙海棠，李亚琪. 基于随机森林与 RFM 模型的财险客户分类管理研究［J］. 科技与经济，2018，1：56 – 60.

［162］贾应丽. "大数据"背景下的客户关系管理研究——以 B2C 电子商务企业为例［J］. 电子商务，2018，2：5 – 8.

［163］AXSÄTER S, VISWANATHAN S. On the Value of Customer Information for an Independent Supplier in a Continuous Review Inventory System［J］. European Journal of Operational Research, 2012, 221 (2): 340 – 347.

［164］BEIERMANN J, JONES RITTEN C, THUNSTRÖM L, et al. Measuring the Value of Information-revealed Preferences for Country of Origin Information［J］. Journal of Behavioral and Experimental Economics, 2017, 71: 96 – 104.

［165］CHE P R, SHANG R N. Research on the Relationship between Customer Information and Market Value of Listed Company［J］. Science Technology & Industry, 2017, 7 (6): e016593.

［166］KADDANI S, VANDERPOOTEN D, VANPEPERSTRAETE J – M, et al. Weighted Sum Model with Partial Preference Information: Application to Multi-objective Optimization［J］. European Journal of Operational Research, 2017, 260 (2): 665 – 679.

［167］ATHEY S, LEVIN J. The Value of Information in Monotone Decision Problems［J］. Research in Economics, 2018, 72 (1): 101 – 116.

[168] FEIJÓO C, GÓMEZ – BARROSO J L, VOIGT P. Exploring the Economic Value of Personal Information from Firms' Financial Statements [J]. International Journal of Information Management, 2014, 34 (2): 248 –256.

[169] CLAVORÀ BRAULIN F, VALLETTI T. Selling Customer Information to Competing Firms [J]. Economics Letters, 2016, 149: 10 – 14.

[170] KÖLE H, BAKAL I S. Value of Information Through Options Contract Under Disruption Risk [J]. Computers & Industrial Engineering, 2017, 103: 85 – 97.

[171] WU Y, FUNG R Y K, FENG G, et al. Decisions Making in Information Security Outsourcing: Impact of Complementary and Substitutable Firms [J]. Computers & Industrial Engineering, 2017, 110: 1 – 12.

[172] SRIVATHSAN S, KAMATH M. Understanding the Value of Upstream Inventory Information Sharing in Supply Chain Networks [J]. Applied Mathematical Modelling, 2018, 54: 393 – 412.

[173] VIET N Q, BEHDANI B, BLOEMHOF J. The Value of Information in Supply Chain Decisions: A Review of the Literature and Research Agenda [J]. Computers & Industrial Engineering, 2018, 120: 68 – 82.

[174] LI Y, ZHU K. Information Acquisition in New Product Introduction [J]. European Journal of Operational Research, 2009, 198 (2): 618 –625.

[175] LINDSET S, LUND A – C, MATSEN E. Optimal Information Acquisition for a Linear Quadratic Control Problem [J]. European Journal of Operational Research, 2009, 199 (2): 435 –441.

[176] FU Q, ZHU K. Endogenous Information Acquisition in Supply Chain Management [J]. European Journal of Operational Research, 2010,

201（2）：454 – 462.

［177］ALIREZAZADEH P，BOYLU F，GARFINKEL R，et al. Identity Matching and Information Acquisition：Estimation of Optimal Threshold Parameters ［J］. Decision Support Systems，2013，57（1）：160 – 171.

［178］QIU L，RUI H，WHINSTON A. Social Network-embedded Prediction Markets：The Effects of Information Acquisition and Communication on Predictions ［J］. Decision Support Systems，2013，55（4）：978 – 987.

［179］曹京. 获取公司产品信息的有效途径 ［J］. 图书馆学研究，2001，5：64 – 66.

［180］顾康南. 论信息时代获取竞争情报的合法途径 ［J］. 图书与情报，2005，5：69 – 72.

［181］李艳. 企业电子商务中获取在线客户信息的途径 ［J］. 科技资讯，2006，19：178 – 179.

［182］吴宗朝，张玉峰. 企业竞争情报获取途径的分析 ［J］. 情报杂志，2007，2：70 – 73.

［183］赵长海. 论中小企业获取竞争对手相关信息的有效途径和方法 ［J］. 中国电力教育，2009，15：252 – 254.

［184］汤传锋. 当代企业获取技术信息的途径与方法 ［J］. 国际贸易，1993，4：24 – 25.

［185］金惠红. 民营企业信息需求及获取途径分析 ［J］. 企业经济，2010，6：49 – 52.

［186］LI C. User Preferences，Information Transactions and Location-based Services：A Study of Urban Pedestrian Wayfinding ［J］. Computers，Environment and Urban Systems，2006，30（6）：726 – 740.

［187］GUO L，IYER G. Information Acquisition and Sharing in a Vertical Relationship [J]. Marketing Science, 2010, 29 (3): 483 –506.

［188］ CHOI J, BELL D R, LODISH L M. Traditional and IS – Enabled Customer Acquisition on the Internet [J]. Management Science, 2012, 58 (4): 754 –769.

［189］ RAJALA A, TIDSTRöM A. A Multilevel Perspective on Organizational Buying Behavior in Coopetition-an Exploratory Case Study [J]. Journal of Purchasing and Supply Management, 2017, 23 (3): 202 –210.

［190］ WU S – Y, HITT L M, CHEN P – Y, et al. Customized Bundle Pricing for Information Goods: A Nonlinear Mixed-Integer Programming Approach [J]. Management Science, 2008, 54 (3): 608 –622.

［191］ CHOUDHARY V. Use of Pricing Schemes for Differentiating Information Goods [J]. Information Systems Research, 2010, 21 (1): 78 –92.

［192］ HUANG Y – S, LIN S – H, FANG C – C. Pricing and Coordination with Consideration of Piracy for Digital Goods in Supply Chains [J]. Journal of Business Research, 2017, 77 (Supplement C): 30 –40.

［193］ 刘子文, 孙巍, 靖继鹏. 信息商品需方定价策略与价款支付方式研究 [J]. 情报学报, 1995, 4: 302 –307 +294.

［194］ 李莹. 信息商品的定价方式初探——以微软产品为例 [J]. 图书情报知识, 2004, 3: 47 –48.

［195］ 韩建军, 谭德庆, 郭耀煌. 不完全信息 R&D 竞赛费用支付方式比较 [J]. 中国管理科学, 2005, 13 (6): 102 –107.

［196］ 曲创, 阴红星. 网络信息产品免费定价策略研究 [J]. 山东社会科学, 2010, 12: 50 –53.

［197］ 罗雪臻. 不同支付方式对并购绩效影响的研究 [D]. 辽宁大学, 2013.

［198］谢文容. 网络交易中定价方式的选择 ［D］. 上海交通大学, 2013.

［199］PARASURAMAN A, ZEITHAML V A, BERRY L L. A Conceptual Model of Service Quality and Its Implications for Future Research ［J］. Journal of Marketing, 1985, 49 (4): 41 –50.

［200］ZEITHAML V A, BERRY L L, PARASURAMAN A. The Behavioral Consequences of Service Quality ［J］. Journal of Marketing, 1996, 60 (2): 31 –46.

［201］PARASURAMAN A, ZEITHAML V A, MALHOTRA A. E – S – Qual: A Multiple-Item Scale for Assessing Electronic Service Quality ［J］. Journal of Service Research, 2005, 7 (3): 213 –233.

［202］ANDREASSEN T W, LANSENG E J. Service Differentiation ［J］. Journal of Service Management, 2010, 21 (2): 212 –236.

［203］LIU Q, ZHANG D. Dynamic Pricing Competition with Strategic Customers Under Vertical Product Differentiation ［J］. Management Science, 2013, 59 (1): 84 –101.

［204］ZEITHAMMER R, THOMADSEN R. Vertical Differentiation with Variety – Seeking Consumers ［J］. Management Science, 2013, 59 (2): 390 –401.

［205］LI S, QIU J. Financial Product Differentiation over the State Space in the Mutual Fund Industry ［J］. Management Science, 2014, 60 (2): 508 –520.

［206］ZHANG Z, JOSEPH K, SUBRAMANIAM R. Probabilistic Selling in Quality – Differentiated Markets ［J］. Management Science, 2014, 61 (8): 1959 –1977.

［207］GEBAUER H, GUSTAFSSON A, WITELL L. Competitive Advantage Through Service Differentiation by Manufacturing Companies

[J]. Journal of Business Research, 2011, 64 (12): 1270 – 1280.

[208] ALVAREZ E M, VAN DER HEIJDEN M C, VLIEGEN I M H, et al. Service Differentiation Through Selective Lateral Transshipments [J]. European Journal of Operational Research, 2014, 237 (3): 824 – 835.

[209] CHEN J, YANG Y. Service Cooperation Policy in a Dual – Channel Supply Chain under Service Differentiation [J]. American Journal of Industrial & Business Management, 2014, 5 (4): 226 – 234.

[210] RAJALINGHAM G, HO Q D, LENGOC T. Quality-of – Service Differentiation for Smart Grid Neighbor Area Networks; Proceedings of the ACM Symposium on Qos and Security for Wireless and Mobile Networks, F, 2016 [C].

[211] LAUGA D O, OFEK E. Product Positioning in a Two – Dimensional Vertical Differentiation Model: The Role of Quality Costs [J]. Marketing Science, 2011, 30 (5): 903 – 923.

[212] FENG H, LI M, CHEN F. Optimal Versioning in Two-dimensional Information Product Differentiation Under Different Customer Distributions [J]. Computers & Industrial Engineering, 2013, 66 (4): 962 – 975.

[213] GAIVORONSKI A A, NESSE P – J, ØSTERBO O – N, et al. Risk-balanced Dimensioning and Pricing of End-to – End Differentiated Services [J]. European Journal of Operational Research, 2016, 254 (2): 644 – 655.

[214] CAI G, DAI Y, ZHOU S X. Exclusive Channels and Revenue Sharing in a Complementary Goods Market [J]. Marketing Science, 2012, 31 (1): 172 – 187.

[215] LV H, WAN Y. Online Personalization and Information Sha-

ring Under Horizontal Relationship; Proceedings of the 15th Lnternational Conference on Electronic Business, ICEB 2015, December 6, 2015 – December 10, 2015, Sha Tin, Hong kong, F, 2015 [C]. CEUR – WS.

[216] ERDEM T, SUN B. An Empirical Investigation of the Spillover Effects of Advertising and Sales Promotions in Umbrella Branding [J]. Journal of Marketing Research, 2002, 39 (4): 408 – 420.

[217] KRISHNA A, RAJAN U. Cause Marketing: Spillover Effects of Cause – Related Products in a Product Portfolio [J]. Management Science, 2009, 55 (9): 1469 – 1485.

[218] OWEN – SMITH J, POWELL W W. Knowledge Networks as Channels and Conduits: The Effects of Spillovers in the Boston Biotechnology Community [J]. Organization Science, 2004, 15 (1): 5 – 21.

[219] BALACHANDER S, GHOSE S. Reciprocal Spillover Effects: a Strategic Benefit of Brand Extensions [J]. Journal of Marketing, 2003, 4 – 13.

[220] SHULMAN J D, GENG X. Add-on Pricing by Asymmetric Firms [J]. Management Science, 2013, 59 (4): 899 – 917.